本当のあなたを憶い出す、
5つの統合ワーク

目醒めへのパスポート

はじめに

僕たち人類は、いま本当に大きな転換期を迎えています。

言い換えると、深い眠りから目を醒まし、僕たちは本来なんの欠けもない完全な意識だったのだ、ということを憶い出すタイミングにさしかかっている、ということです。

あなたは今世（いま生きている人生）で、そのことに気づきたいと何世紀も輪廻転生を繰り返しながら準備をしてきたのだ、といったら驚くでしょうか？

あなたの表面的な意識では憶《おぼ》えていなくても、約1万3千年前に体験した「失敗」を再び繰り返したくないという想いから、「理由のない焦り」を感じているのには気づいていますか？　なぜだかわからなくても、「こんなことをしている場合ではない、何か他にすべきことがあるのではないか……」という想いに駆られているのではないでしょうか？

そのどちらでもなくても、世の中の現状を見回すと、世界レベルで台風やハリケーン、膨大な量の雨などの異常気象が発生し、地震や火山の噴火が多発し、政治や経済は混乱をきたし、戦争の懸念が大きくなっていて、これから地球はどうなっていってしまうのだろうと、大なり小なり不安を抱えていらっしゃる方もいるでしょう。

それらはすべて、これから迎える「惑星レベルの変容」に向けて起きているのであり、高い視点から観れば「祝福」とも言えますが、その一方でたくさんの人たちが、その変化のプロセスで被害に遭い、犠牲になっているのも事実です。

だからこそ、いま何が起きていて、これからどうなっていくのかを理解し、一刻も早く行動に移していくことが何より大切なのです。

これからお話することは、宇宙の自然な進化のプロセスであり、信じる・信じないの問題ではありません。この地球史上、未だかつてないほどの大きな変化のタイミングは、霊的進化を遂げていくすべての存在にとっての「登竜門」と言えるでしょう。

ただ、「目醒め」は待っているだけでは起きず、自ら求めていくことが必要なのです。

なぜなら、僕たちが自分の人生の主人公だからです。


さて、本書をこのタイミングで出版させていただいたのには理由があります。

スピリチュアルな世界でずっと話題になってきた「アセンション」は、確かに2012年の冬至を境に、「まずは地球」がそのプロセスを本格的に開始しました。そして2

015年の秋、続いて2016年の秋と、宇宙からはアセンションを促す強い光のエネルギーが断続的に地球に降り注ぎ、今もこの惑星は次元上昇の真っ最中です。

そんな中、2018年~2020年までの3年間は、いよいよ僕たち「人類の意識」に光の洪水がやって来ようとしていて、それはすでに始まっています。そのため僕たちの意識に目醒めを促すべく、火・熱・水・風のエネルギーが最大限に使われ「浄化」のプロセスが加速されているのです。

これらのエネルギーは、人々の感情を揺さぶり、忘れていた傷やトラウマ、そしてすでにクリアしたと思っていた課題やパターンを浮上させます。また人によっては肉体的・精神的な病気という形を体験することで、目を醒まそうとしている意識もいるのです。

つまり、一般的にはネガティブと呼ばれるような体験を通して出てくるフィーリングを「手放す」ために、それらを浮き上がらせる訳です。そうしなければ、これから生まれ変わろうとしている、軽やかな新しい地球とは共存できなくなるからです。重荷を背負ったまま、新しい世界へジャンプすることはできないということです。

さらに特筆すべき大切なポイントは、その3年間で目醒めへの登竜門というゲートが閉じようとしているのだということです。

２０１２年を境に、僕たち人類にも地球と同様に、目を醒ますのか眠り続けるのかを「選択」するよう促されてきました。もちろん地球は目醒めることを決めたので、前述したように、浄化しながら現在も波動を上げ続けている訳です。僕たちもその流れを経て、最終的な決断を迫られているのが「今この時」であり、あと2年ほどで答えを出さなければならないタイミングを迎えているのです。

ただ、勘違いしないでいただきたいのは、これは怖いお話ではなく、とてもワクワクする宇宙のフェスティバルだということです。

なぜなら、今回の目醒めは「死」を意味せず、肉体を維持したまま本来の高い意識に戻ることができるものだからです。この物理次元を、目醒めた意識で自由自在に生きる豊かさは、何にも代え難いエクスタシーと言えるでしょう。

僕が今世生まれてきた一番の目的は、この地球と僕たちが「目醒め」のタイミングを迎えていること、また目を醒ますことを決めたなら、どうすればそれができるのかをお伝えすることです。

もちろん、他にも同じような役割を選択してきている意識たちはたくさんいます。

とにかく人類は過去何度かに渡って、今回と同じタイミングを迎えながらシフトに失敗していますが、今回はどういう形であれ、それを成し遂げるでしょう。


さあ、いま宇宙からすべての人に向けて、目醒めへのチケットが届けられています。

もしあなたが何世紀にも渡る深い眠りから目を醒まし、自分が本来どれほど雄大でパワフルな存在なのかを憶い出したいなら、そしてその意識でこの惑星を遊び尽くしたいなら、何より今世、覚醒という魂レベルの願いを叶えたいのなら、ぜひチケットを受け取ってください。

あとは、パスポートを手に入れ「飛行機（覚醒を促す流れ）」に乗るだけです。

では、そのパスポートはどこにあるのでしょう？

そうです、この本があなたの目醒めへのパスポートになるのです。

頭で考えてしまう癖をいったん脇におき、本書にある情報をハートを開いて受けとめてみてください。

宇宙意識である本当のあなたを憶《おも》い出していく旅路は、何にも増してエキサイティングです。なぜなら、本来のあなたは、今の自分には想像もつかないほど素晴らしい存在であることに気づいてしまうのですから。

それでは、この本があなたの目醒めへの旅路の一助となりますように。

並木良和

目醒めへのパスポート／目次

第3章 偽りの存在 似非の五次元の誘惑

第4章 今この瞬間に 時間は連続してはいない

第5章 統合 波動を上げてハイヤーセルフとつながる

第6章　調和　本当の自分に繋がるエクスタシー……153

『大天使ミカエル』チャネリングメッセージ

私は大天使ミカエル、本書を記す者を通して、直接あなたに語りかけています。

あなたの生きるこの時代は、宇宙史上まれにみる大きな転換期を迎えています。激動の3年間（2018年〜2020年）を越え、あなたはどこへ向かうことになるのでしょうか？

リミットまで、すでに2年あまりとなりましたが、どうしたいのかを決めるのは「あなた」であって、私たちが代わりに決めてあげることはできません。あなたの宇宙において、あなたが創造主であり、そのことを憶い出していくプロセスが目醒めでありアセンションなのです。

もしあなたが本来の神性を取り戻し、「神なる人間」として、この地上に楽園を築いていきたいのであれば、もう「なにも知らないふり」をするのはやめてください。

すでにあなたの中に内在する神聖なる叡智や力が、息吹を吹き込まれることを今か今かと待ち望んでいるのです。

それが復活するとどうなるのでしょう？

そうです、あなたは本来の神聖なる自己を憶い出し、自身の神性を取り戻すことで、「肉体に宿った神」と呼ぶにふさわしい在り方へと変化していくのです。


この肉体を持ったまま、神なる自己を顕すことができるという奇跡が、先ほど私がお話した「宇宙史上まれにみる」出来事なのです。

今あなたの住まう惑星地球は、その大きな変化に伴い、私たちを始めとした高次領域に存在する大勢の仲間たちから注目され見守られています。本書を読み進める最中にも、私たちからの愛やサポートがあなたに届けられていることを覚えておいてください。


さあ、あなたの「魂の本望」を形にする時がやってきました。長い年月、何世紀も輪廻転生を重ね、今この瞬間を迎えたことに気づいていますか？

私たちは、あなたが長い道のりを「この時」のために準備してきたことを知っています。そして、その機は熟したのです。

あとは、あなたが「真実の自己に目醒めることを決めるだけ」です。

この宇宙の大転換期にあたり、私を含めた目醒めやアセンションを導く多くの存在たちが本書を通して、あなたに直接手を差しのべます。

もしあなたの心が決まったら、本書の情報やワークを活用してください。

そしてあなたにどのような変化が訪れるのかを観察してください。

あなたが本来の自分を憶い出せば憶い出すほど、その雄大さと自由さ、そして力強さと美しさに触れ、目醒めのプロセスは最高に心踊る旅になることでしょう。

実際、本書を手に取ったあなたは、魂の深いレベルで目醒めることを決めています。だからこそ、あなたは今、私からのメッセージを目にしているのです。

ではここで少し、軽く目を閉じて深呼吸し、あなたの魂の声に耳を傾けてみましょう。

どのような感覚がやってきますか？
もし、このメッセージが真実だと感じたなら「時は今」です。
私たち高次領域の存在たちが、あなたの帰還を心待ちにしていることを
知ってください。
なぜなら、もともとあなたと私たちは一つなのですから。
分離の幻想を溶かし、あなたの本当の故郷へ還ってきませんか？
私は大天使ミカエル、あなたに真実を伝えるものです。

第１章

目醒め

今こそ目醒めるとき

『クツミ』チャネリングメッセージ

私はクツミ、神智学の分野においてクート・フーミとして知られる存在です。

私からあなたに伝えたいのは、もう「スピリチュアルごっこ」をやめましょう、ということです。

本当のスピリチュアルとは「本質」であり、在り方そのものです。あなたにとって、こうした真実に触れることが、初めてであれ何であれ、知識を生き方に変えない限り、覚醒することはありません。

スピリチュアルな概念やワークが気持ち良いとか、軽くなるから好き、などというくらいでは肉体を持ちながらアセンションすることなど到底できないことを知ってください。

あなたが今世、本当に目を醒まし、「その先」へ向かいたいと思うなら、その生き方が最優先事項になってしかるべきでしょう。

ただ、覚えておいてください。あなたは自分が思うほど覚醒から遠いところになどおらず、むしろ近くにいるのだということを。

戒めるべきは、自身への無価値感と罪悪感です。この地球で生み出した周波数は、長い間あなたを含めた人類を「小さき檻」へと閉じ込め、本来の可能性を発揮させないようにしてきたものなのです。

さあ、狭き檻から抜け出し「本当の自由」を得るまでもう一息です。

あなたが自身の成長に費やす時間とエネルギーは、何十どころではなく、何百・何千・何万倍もの恩恵となってあなたに返ってくることでしょう。

私はクツミ、あなたの成長を傍らで見守るものの一人です。

目醒め──今こそ目醒めるとき

この章では、いま人類に訪れている「目醒め」のタイミングについてお話していきたいと思います。

これまで、あなたは「アセンション」という言葉を聞いたことはありませんか？　あるいは、「次元上昇」という言葉を、聞いたことはないでしょうか。

「アセンション」（ascension）とは、英語では「上昇」という意味の単語です。

スピリチュアルな世界では「アセンション」という言葉は、地球と人類の波動が上がり、これまでいた次元よりも上の次元へと移行する、という意味をもって使われてきました。「アセンション」は２０１２年に始まり、今なおそのプロセスが続いています。

この本では、これまで「アセンション」という言葉で表現されてきた地球と人類の次元上昇のことを、「目醒め」という言葉で置き換えたいと思います。

なぜなら、「アセンション」という言葉自体が使い古されてしまっているため、いま現在、起こっている状況を表すのに適切ではないと感じているからです。

いま地球、および人類は、目醒めのプロセスの只中にいます。

現在、僕たちは三次元の物理次元に生きていますが、目醒めることで、五次元以上に移行していくことになります。

三次元とは物質世界であり、時間や空間に縛られている世界です。対して五次元とは精神世界であり、時間や空間の概念を超越したところにあります。

僕たちの住んでいる三次元世界では、たとえば、外国へ行きたいと思ったら何時間か時間をかけて、船や飛行機に乗って移動することが必要です。でも、五次元では、行きたいと思った瞬間にその場所に着いていることになります。

また、五次元では物質が大きな意味を持たなくなりますので、価値基準が大きく変化し、誰もが心の豊かさを中心として生きる世界になるでしょう。

僕たちは、そのような五次元へと向かう「目醒め」の時を迎えているのです。

目醒めは特別なことではない

目醒めることについて、理解しておいていただきたい大切なことがあります。

僕たち人類は現在、目醒める人・目醒めない人に分かれつつありますが、どちらが優れているとか劣っているとかということではありません。ここを捉え違えてしまうと、目醒めから大きくズレてしまうのです。

僕たちは、誰もが目醒めへの招待状を受け取ることができますが、それに出席するかしないかは、完全に個人に委ねられています。誰もがいずれは目醒めるので、今回地球に訪れているタイミングで、目醒めることを選択するかしないかの本質は、ただ単に選択の問題でしかありません。

僕たちは本来完全な意識であり、眠りを体験したくて地球にやって来た時に、そのままの意識では波動が高すぎて地球に根づくことができなかったので、分離することでわざわざ波動を落とし、深い眠りにつくことができたのです。そしてそれは大成功し、何世紀も十分に眠りを体験してきました。もともと眠りたくて眠ったのですから、それはそれで良い訳です。

ただ、今この惑星は長い眠りから目を醒まし、本来の完全な意識へと戻るタイミングを迎えているので、「目を醒ましたいなら今ですよ！」と、宇宙から招待状がやって来ているのです。これは眠った時も同じで、わかりやすく言うと「地球という惑星では、今の自分のままでは味わえない魅力的な体験ができます。ただ、それを体験したかったらエントリーが必要になりますが、只今、絶賛受付中です。眠りたいなら今ですよ！」という招待状を受け取って、ここ地球へとやって来たのです。

ですから、もし、あなたが「目醒めたい」と思うなら、目醒めへの招待状の「出席」にマルを付けて目醒めへの流れにエントリーする必要があります。でも、もし「まだ眠っていたい」と思うのなら、欠席にマルをしてもいいのです。

目を醒ますか眠り続けるのかを、シンプルに、選択するだけなのです。

人類の目醒めへのプロセスは、２０１２年の冬至から始まっています。現在、地球の波動はどんどん高まっており、２０２０年いっぱいで、そのプロセスがいったん完了します。

言い換えると、目醒めへの扉は２０１２年から開き始めており、２０２０年には完全に扉が閉まるということです。

扉が閉まったら、次に開くのは約2万6千年後です。

人類には、生命の自然な進化のプロセスとして、目醒めへの種が植えられています。

種は、いったん地面に植えれば育っていきます。つまり、すべての意識に進化の種が植えられているので、誰もが「いつかは」必ず覚醒するのです。それは運命づけられていることであり、そこから逸脱してしまう人は一人もいません。

僕は、その事実を、皆さんにお伝えしたいと思っています。

目醒めるか目醒めないか、それを決めるのは「あなた」です。

あなたは、どうしますか？　あなたが主人公なのです。

繰り返しますが、「目醒め」は、特別なことや優れたことなどではなく、自然な進化のプロセスです。

僕たち人類は、高かった波動を落として地球に眠りを体験しに来た、いわば宇宙のファミリーです。誰もがみんな同じであり、誰かより劣っている存在や力のない存在などいません。

アセンションを唱えているスピリチュアルな世界の周辺には、目醒めることが優れていると思い込んでいる人たちもいます。そのような人たちは、アセンションしない人・目醒めない人を批判したり見下したりしてしまいがちです。でもそのような言動こそが著しく波動を下げてしまうのです。目醒めに向かっていると思っても、逆に深く眠り込んでしまっていると言えるかもしれません。批判や非難が、最も波動を下げるということを知っておいていただきたいと思います。

目醒めは、あなたが毎朝、ベッドの中で目醒めるのと同じことです。それは、自然でまったく特別なことではないのです。

僕がハイヤーセルフや高次元の存在たちから言われているのは、多くの人たちにわかりやすい言葉で、できるだけ平易に「目醒め」について伝えなさいということです。目醒めは、ある意味、フェスティバルであって、宇宙のお祭りとも言えます。人類の波動が上がって、愛・調和・平和・安らぎ・至福・喜び・自由・豊かさに満ち溢れた世界に移行していくフェスティバルの時なのです。

だから、僕はこれからの流れにとてもわくわくしているのです。

もし、あなたも今これを聞いて同じように感じるなら、「目醒め」のフェスティバルにぜひ参加しませんか？

リミットは、２０２０年

今回、僕たちに訪れている目醒めの波は、２０２０年いっぱいまでです。いま波に乗ることを決めないと、目醒めへと繋がる扉が閉じてしまいます。つまり、フェスティバルに参加する権利を失うことになります。２０２０年になってから、「じゃあ、今から目醒めよう」とするのでは遅いのです。

言い方を換えれば、学校の卒業はいつどのタイミングでも迎えられるのではなく、決まっていますよね？　一定の期間内に課程を修了しなければならず、もしできなければ留年し、次のタイミングを待つ訳です。

実際、目を醒ますというのは眠りの幻想から卒業し、体験したことのない新しい世界へと拡大していくことなのです。

さて２０２０年には、目醒めることにエントリーするための扉は完全に締まり、その後、宇宙から高い周波数のエネルギーがさらに断続的に勢いを増して降り注いで来ることになります。目醒めることを決めた人の意識は、その強い光を浴びてさらに上昇していくのです。

それと同時に、それまで真実だと思っていた観念や概念が崩壊し、新しい価値観に取って代わることになるでしょう。

反面、目醒めの波に乗らないことを決めた人たちは、それまでと変わらない毎日を送るか、それ以下の状況に陥ることになるでしょう。ネガティブな感情や想いが増してくる体験をしたり、八方塞がりに感じるようになったりと生きづらくなっていくのです。「決めたこと」を加速させるエネルギーなので、目を醒ますことを決めれば目醒めを、眠り続けることを決めれば眠りを後押しする訳です。つまり、ポジティブはどこまでもポジティブに、ネガティブはどこまでもネガティブになっていくのです。

目醒めることを決めた人たちは、波に乗っていくことになります。イルカが海を泳ぐように、軽やかに楽しく波に乗って遊べるようになるのです。

目醒めることを決めなかった人たちは、波に飲み込まれ溺れるような体験をすることになるかもしれません。

もし、あなたが目醒めるかどうか迷っているなら、こういう真実があるということを知っておいてください。

決して脅かしているのではありません。それが、次元の違いだからです。

高い波動の次元に行くのか、現状の次元に留まるのかは、あなた次第です。

２０２０年を迎える前の今なら、まだ選択の余地があります。２０２０年が終わると、もう選択の余地がなくなると言っても過言ではありません。

さらに詳しくお伝えすると、２０１８年から目醒めへの流れがわかりやすくやって来ています。目醒めを促すための光の洪水が、宇宙からやって来ているのです。

その時、ネガティブなカルマやネガティブな感情、ネガティブな考えを多く持っていると、高い波動と調和できずに苦しい思いをすることになります。肉体的・精神的にバランスを崩す人も増えるでしょう。

でも、不安に思わないでください。本書でこれからお伝えする情報やワークを意識し使っていくことで、スムーズに目醒めへの流れに乗っていくことができます。

あなたが目醒めたいと思うなら、今すぐ決意してください。

高次の存在たちは、「急ぎなさい」と警告を発しています。僕たち人類が、本当に大きな転換期を迎えているからです。

目醒めについて何も知らなくても、本能的に焦りを感じている人たちがいます。誰かに目醒めについて教えてもらって初めて、自分が感じていた焦りはこれだったんだとわかる人もいます。

人類がスムーズに高次元へ向かうためには、「14万4千人が目醒めることが必要」である、と言われています。

これらの人たちは、周波数ホルダーと呼ばれる高い周波数を保持する使命・役割を持つ人たちです。

１人が目醒めると、２万人以上に影響を与えます。実際、全員が目醒める必要はありませんし、そもそも無理な話です。目醒める人もいれば、まだ眠っていたい人もいていいのです。それでバランスがとれるからです。

それでも、この文章を読んでいるあなたには、できるだけ早く目醒めの流れに乗って欲しいと思っています。そして、本書を読まれる多くの人たちが、その担い手であると感じています。

また、14万4千人を目醒めへと導く役割が、他の多くのスピリチュアルリーダーたちとともに、僕に与えられていることであり、自分自身で選択したことなのです。

リミットは、2020年です。

それ以降は、目醒めはものすごく狭き門になっていくでしょう。

このタイミングを逃してしまうと、目醒めることが非常に難しくなるのです。

まずガイアに、次は人類にやって来る

2012年の冬至に、ガイア（地球）という地球の神聖なる女性性の意識に、目醒めへの大きな光の波が押し寄せました。それが、本格的なアセンションの始まりです。

現在、ガイアは目醒めへのプロセスの真っ只中にあり、2032〜33年には五次元に安定化しようとしています。波動を上げている真っ最中ということです。

次の大きな目醒めへの波は、2018年から2020年の間にやってきます。前回の波はガイアの意識に大きな変化を与えましたが、この時期の波は僕たち人類の意識にダイレクトに影響することになります。

この波は、目醒めることを決めた人たちにとっては、大いなる追い風になります。

目醒めへの流れが加速し、それを決めた人たちは、どんどん軽やかになっていきます。

あらゆる物事がスムーズに展開するようになり、思考の現実化が加速度的に速くなっていきます。

それに伴い、ネガティブなものもどんどん明るみに出て来ることになります。現在、すでに始まっているように、様々な業界の闇があぶり出されたり、これまで隠されていた企業や団体の不正が明らかになったりすることが増えていきます。浮き上がって来るネガティブな感情や思考を扱いきれずに、自殺者が増えていく可能性もあるかもしれません。

目醒めとは意識を高次元にシフトさせることであり、これまでの在り方とは１８０度変わってしまいます。

意識の拡がりや認識力も桁違いになります。

僕たちは高かった波動をどんどん落としてガイアにやって来ましたが、それを真逆にして、つまり波動を上げて完全な意識の状態に戻っていくこと、それを憶い出していくことが目を醒ますことなのです。

これまでとはまったく違う在り方へとシフトしていくのが、今の時代を生きる僕たちの在り方なのです。

目醒めると、「自分は神なのではないか（実際、僕たちは神なる存在です）」と思えるほどの大きな変化がやってきます。意識が広がって軽やかになる程度ではなく、根本的な変化がやって来るのです。そのような高い波動の状態を、肉体をもったまま体験できるのが今回の目醒めの特徴です。

前回、目醒めのタイミングを迎えた時は、地球の波動が今ほど高くはなかったため、目を醒ますほどの高い意識になってしまうと、肉体を維持できず脱ぎ去るしかありませんでした。古い言い伝えの中で「光になって消えた」等と言われることがありますが、まさにそれなのです。

今という時は、地球も十分に波動を上げていますので、目醒めが死を意味しなくなったのです。この肉体を持ったまま、高い意識で地球に存在できることが、未だかつてない宇宙レベルのフェスティバルです。だからこそ、地球外の生命体や高次の存在たちが、固唾を呑んで、これからこの地球に起きようとしている変化に注目しているのです。

目醒めると軽やかになっていく

目醒めとは、神である自分を憶い出すことです。

そもそも、みんなが神だったのです。

つまり目醒めるというのは、もともとの自分とは何者だったのかを憶い出すだけのことなのです。

目醒めると、高次のガイドたちとのつながりも明確になり、それらの存在たちとのコミュニケーションは、より簡単になっていきます。

目を醒ましていくことで、それまでとはまったく違うものを観たり感じたりすることになるでしょう。


広大な宇宙には地球以外にももちろん生命体がいます。それらの生命体が存在する星や惑星は、宇宙連合を形成しています。ところが、地球は今まで、あまりに眠りが深かったこともあり、宇宙連合から外され、ある意味隔絶されてきたのです。

それが、人類が目醒めた後は、宇宙が検疫をオープンにするため、流れは変わっていきます。

早ければこの3年の内に、地球外生命体の存在が公になり、2038年頃には、ファーストコンタクトと言って、僕たち人類が彼らと直接交流し、正式に宇宙連合に迎え入れられることになるでしょう。そんな夢物語のようなことは信じられませんか？　でも、あなたが信じようと信じまいと、宇宙ではこうした流れが着々と進行中なのです。彼らは先輩として、地球にいる今まさに目醒めようとしている僕たちに手を差し伸べてくれています。

そして、お話したように、地球も宇宙連合に加盟し、宇宙の仲間・ファミリーとして存在していくことになるのです。

目醒めは、覚悟を決めた人だけに訪れる

あなたが目醒めたいと思ったなら、そこに明確にコミットすることが大切です。言い方を換えると「私は今世、必ず目を醒まします！」と宇宙に対して宣言するということです。

ただ、目を醒ますことは、人によっては、最初は辛いと感じることがあるかもしれません。エゴやネガティブな感情を抱えたままでは目醒めることはできないので、これまで慣れ親しんでいた考え方や感情、習慣を手放していく必要があるからです。

でも、信頼してください。目を醒ますことに心が決まったなら、必ず宇宙からのサポートが入りますし、エネルギーを注いだ分の「報酬」や「祝福」を受け取ることになるのです。

また、これからお伝えする情報やワークを通して、簡単にスムーズに変わっていくことができるからです。

後の章で詳しくお話しますが、「目醒める」というのは、観客席に座って映画に没頭することをやめて、映写室に入るということです。

目の前で起きている現実と呼ぶ出来事は幻想であり、まるで映画館のスクリーンに映し出された映画のようなものです。目の前に繰り広げられる映像に没頭し続けるというのは、眠っている状態です。

ほとんどの時間を映画に没頭して過ごし、たまに映写室に戻るということをしていたら、宇宙から「目醒める覚悟が決まっていない」と思われるでしょう。

別の言い方をすると、映画にのめり込んで感情のアップダウンを繰り返しているうちは、目醒めに向かってはいないということです。

そして、目醒めは、覚悟を決めた人だけに訪れるのです。

第２章

ドラマ

スクリーンの前から観客席に戻ろう

『観音』チャネリングメッセージ

私は観音として知られる存在です。長い年月《としつき》地上のすべての人々が涅槃へと入ることができるよう、この次元に留まり手助けをしたいと願ってきました。

それもそろそろ終わりを迎えようとしています。私もこれからは新たな「私の道」を行き、あとに続くあなたの道標《みちしるべ》になりたいと願っています。

あなたが目醒め、解脱（アセンション）していくプロセスにおいて、ときに周囲の大切な人たちをおいていってしまうかのような罪の意識を感じることもあるでしょう。

でも覚えておいてください。彼らもまた、あなたと同じ神聖なる存在であり、その深い部分において「すべてを知る」意識なのです。案ずるには及びません。ただ、あなた自身と彼らの可能性を信頼するのです。そしてあなたは「あなたの道」に集中してください。

それがすべてにとっての「最善で最高のギフト」になることを覚えておい

てください。
私は観音、あなたと共に歩む真理の道の徒弟（門下生）です。

ドラマ――スクリーンの前から観客席に戻ろう

この章では、僕たちの見ている現実世界についての秘密をお伝えしたいと思います。

実は、僕たちが現実だと思っている世界は、目の前に映し出されている臨場感のある3D映画のようなものに過ぎないのだと言われたら、あなたはどう感じますか？　僕たちは観客席に座って、目の前に映し出される映画のストーリーを、ハラハラドキドキしながら見ているわけです。

と同時に、「真実の」僕たちは観客席にはおらず、映写室で好きな映画を自分で

選んで映し出しているのです。

ところが、僕たちはあまりにも深く映画にのめり込み過ぎて、本来の自分の居場所をすっかり忘れてしまったため、目醒めた意識から遠く離れ、深い眠りへと落ちていったのです。

この事実について、詳しくお話していきます。

地球はゲームの場

僕たちが地球に生まれてきたのには、理由があります。

それは、「制限」や「不自由さ」を体験するためです。

あえて完全な自分の波動を落として、地球でさまざまな体験をするためにやって来たのです。

その意味で、地球は、僕たちにとってのテーマパークであり、ゲームの場でもあるのです。

本来の僕たちは、神なる存在です。できない、やれないということは、何一つないのです。ところが、それでは、面白くない。何もかも瞬時に自分の思い通りになることがわかっていたなら、何も予想外と感じることを体験することはできません。

つまり、本来の自分と違う在り方を体験してみたくなった訳です。

だから、僕たちは、自分に力がなく、制限されており、不自由であることを臨場感をもって体験したくて、二極に分離された波動の低い地球にやってきたのです。

また地球は、実験の場でもありました。

どんな実験かというと、もともと持っていた高い波動を落とし、自分が神であることを忘れて地球の波動にどっぷりと浸かり、そこから本来の自分を憶い出していけるかという実験です。

分離の惑星にいながら、神なる自己とつながり続けることができるか?

神であることを忘れて眠った状態から、また目醒めていくことはできるのか?

これは言い換えれば、物理次元をマスターするということなのですが、実験は何度も失敗しました。失敗というよりは、まだ眠っていたい意識が大半を占めていたと言ったほうが正しいかもしれません。

とにかく僕たちは、自分自身が神であることを忘れ、全知全能ですべてが思い通りになることを忘れ、制限と不自由さの中に浸り込んでしまいました。目醒めるどころか、深く深く眠り込んでしまったのです。

強い臨場感を求めて

地球で行なわれた実験は、低い波動の中で自分が神であることを憶い出すという意味では失敗でしたが、臨場感を持って制限を味わうという意味では大成功でした。そうして、僕たちは、制限や不自由さを十分に味わうことができたので、そろそろゲームに飽きてきています。そのため、多くの意識たちが深いところで、「そろそろ目を醒まそうかな」、「本来の自分を憶い出そうかな」と思いはじめているのです。その意識が、地球が次元上昇していくきっかけとなりました。

最近では、ＶＲ（バーチャルリアリティ）の技術が発達し、仮想現実をまるで現実であるかのように味わうことができるようになってきています。もっと臨場感をもって体験したいという人類の希望は、ＶＲの技術をどんどん進化させてきました。

それと同じように、神なる自分は、目の前の現実がゲームの世界であり仮想現実であるとわかっていても、もっと臨場感が欲しい、もっと楽しみたいと願って地球にやって来ました。

より強い臨場感をもって映画を楽しむには、自分が映写室にいることを忘れる必要があります。そして僕たちは映画のスクリーンに近づいて、映し出されている映像にのめり込むことで、まるで現実であるかのように臨場感をもって体験することに成功したのです。

つまり、目醒めとは対極の深い眠りに入っていったということです。

そう、僕たちは眠りたくて眠ったのです。

真実の私はここにはいない

真実の僕たちは、映画のストーリーとは関係のないところにいます。

映画の中で何が起こっても、無害でまったく影響を受けない場所にいるのです。

スターウォーズの戦闘シーンを手に汗を握って観ていても、当然のことですが、実際に自分が戦うわけではありません。作られたストーリーとその映像を、映画館という安全な場所でただ楽しんでいるだけです。

たとえ、映画の中で登場人物が傷つけられたり殺されたりしたとしても、自分には何の影響もありません。なぜなら、自分は、映画を楽しんでいる観客だからです。

映画の中でどんなストーリーが繰り広げられていようとも、自分は安全なところにおり、ただ楽しむことができます。

僕たちは、深く眠り込むことで、自分が映画の中の登場人物であると思い込むことができました。本来は、影響を受けることも傷つけられることもないのに、それをすっかり忘れて、目の前の映像が、まるで自分に襲いかかってくるかのように感情を強く揺さぶられ一喜一憂するようになっていったのです。

僕たちは、さらに深く眠り込み、真実の自分を思い出さないようにし続けてきました。

なぜなら、真実の自分を思い出してしまうと、臨場感をもって体験できなくなるからです。映画なのだ、作り物なのだとわかってしまったなら、一気に白けてしまいます。

もちろん、ストーリーを楽しんだり感情移入したりするくらいはできるかもしれませんが、自分のこととして臨場感をもって体験することは、もはやできなくなるでしょう。

実際、僕たちは現実と呼ぶものを、映画のように映し出しているだけなのです。

味わいたいストーリーを自分で選んで、映し出していただけだったのです。

安全で快適な映写室にいる自分を憶い出していくことが、目醒めるということなのです。

すべては自分で決められる

自分が自分の現実を作っているということは、話には聞いたことがあるかもしれません。

ところが、その事実を頭で知っているだけでは、現実を変えることはできません。

僕も、数多くの人たちにアドバイスをさせていただいていますが、本当によく聞く言葉があります。

それは、「自分で現実を作っていると言うけど、なぜ変わらないの？　こんなに変わりたいと思っているのに！」という言葉です。

答えは、簡単なことです。

映写室にいないからです。

自分は映画の登場人物ではなく、観客であること。また、真実の自分は映写室にいて自分の好きなフィルムをまわしていること。そういう意味で僕たちは主人公なのですが、その事実を憶い出すことが重要なのです。

登場人物になりきって一喜一憂する生き方をやめ、映像化するのに使った地球の周波数を手放し、あなた本来の高い周波数を憶い出していくこと。それが、目醒めるということなのです。

僕たちは、本来の高い完全な意識を分離し、地球に降りて来ました。

分離することで、波動を落としたのです。

分離の意識が生み出すものとは、罪悪感や無価値感、不安や恐怖などです。これらの一般的にネガティブと言われる感情は、僕たちが自らの高い周波数の意識を、地球に馴染めるよう分離することによって生み出してきた地球の周波数です。

もし、あなたが目醒めようと思うなら、地球で使ってきたネガティブな周波数を捉

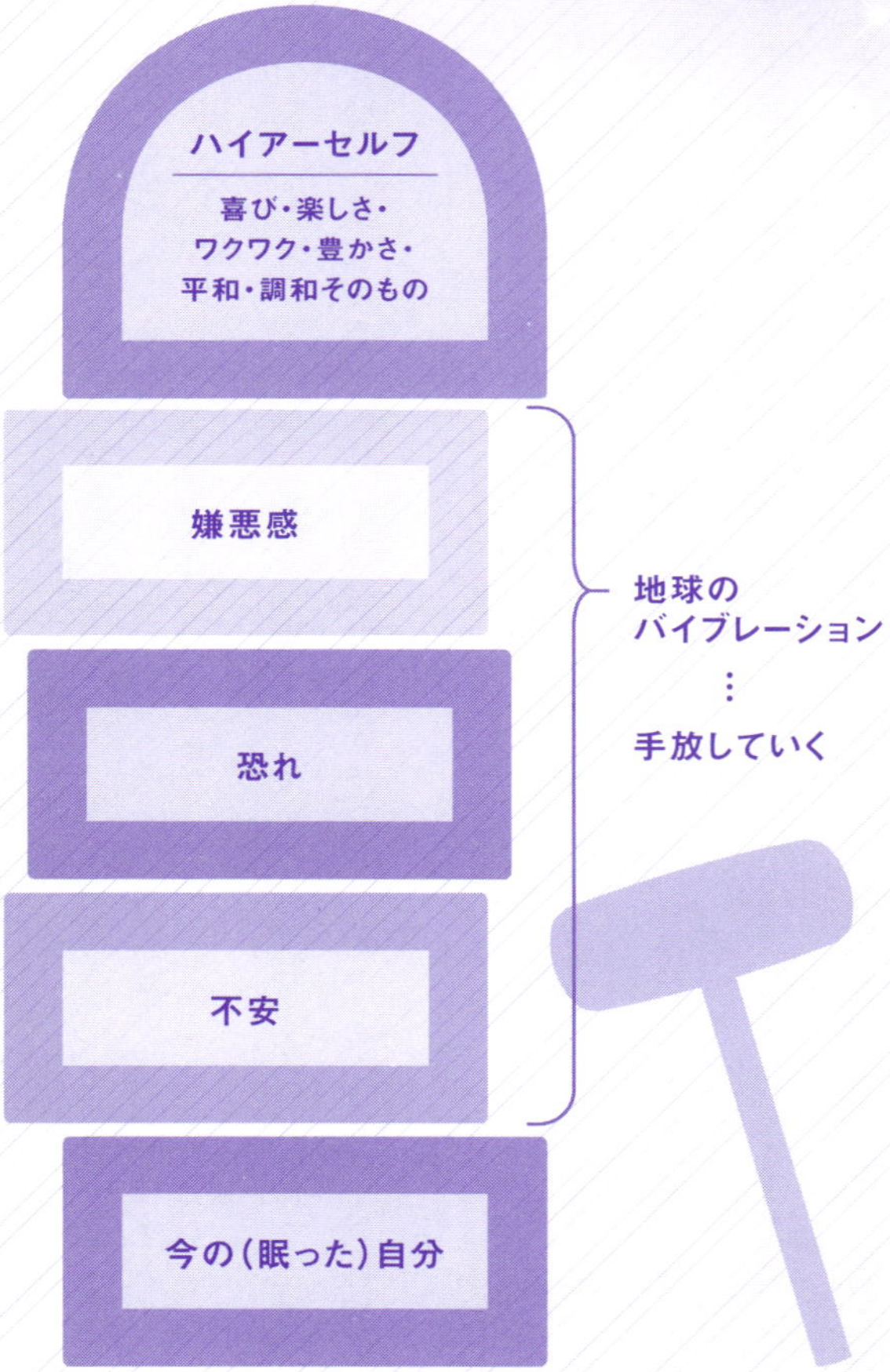
ハイアーセルフ
喜び・楽しさ・
ワクワク・豊かさ・
平和・調和そのもの
嫌悪感
恐れ
不安
今の（眠った）自分
地球の
バイブレーション
：
手放していく

えては外し、捉えては外しと手放し続けていく必要があります。そうすることで、自分の中が一つになり分離を統合していくことができるのです。

それを続けていると、目の前の現実が変わっていきます。

現実が変わるということは、別のパラレルワールドに移行しているとも言えます。ネガティブな周波数を手放していくことで、あなたの完全な意識が反映した、望む通りの現実が起きているパラレルワールドへと行くこともできるのです。

地球の周波数を手放すことで、分離を統合していくと、それまでリアルだと思っていた現実の臨場感はどんどんなくなっていきます。反対に、今まで忘れ去っていた本来の高い意識（宇宙意識）が、圧倒的なリアル感を持って体感できるようになるのです。

そうすると、自由に周波数を入れ変えながら望む現実を映像化して楽しむことができるようにもなります。

それが、目醒めたあとの新しい遊び方なのです。

ひとたび目醒めると、自身の宇宙意識に明確につながるようになります。

自分が宇宙そのものであったことを憶い出してしまうのです。

自分の中心に意識を向けると、周囲には宇宙空間が広がり、まるで自分が宇宙の中心にいるかのように感じられ、何かをしようとすると宇宙が一緒に動き出すように感じます。

そして物事は簡単に動き、すべてがうまくいくのは当たり前になっていきます。

なぜなら、あなた自身が宇宙なのですから、あなたがひとたび意図すれば、必要な人や物、そして事柄がピタピタピタっと一番良い配置で集まって来るのは自然なことなのです。

宇宙とは、意識そのものです。

自分自身が何かをしようとするなら、すべてが最善のタイミングで動きはじめます。

また、宇宙は多次元で構成されています。つまり、無数のパラレルワールドが存在するということです。


パラレルワールド（並行世界）について、ご存じない方のために簡単に説明したいと思います。パラレルワールドとは、いまあなたがいる世界の隣にはほんの少しだけ違った世界が、薄い層がたくさん重なるように存在しているという概念のことを言います。

たとえば、あなたの今いる世界で目の前にある椅子が黒だったとするなら、隣のパラレルワールドでは、その椅子が白であるだけで、それ以外は、今いる世界とまったく同じ世界だったりするのです。次元が近いほどその世界は似通っており、次元が遠くなるほどその世界の違いは顕著になります。

あなたが想像できる物事は、パラレルワールドに存在しています。

なぜなら、宇宙は意識そのものだからです。

目の前の黒い椅子が白かったり、赤だったりする世界も存在しているのです。

あなたが赤い椅子の世界に行きたいと思うなら、瞬時に赤い椅子のパラレルワールドに移行することも、理論上、可能です。

目を醒ますと、自分の望むパラレルワールドに意識的に移行して、自由に楽しむことができるようになります。

そして、自分で望む現実を自由にクリエイトできることを思い出して、それを最大限楽しむこと。それこそが、目醒めた意識の本来の楽しみ方なのです。

こうして、すべての意識が「自分バージョンの天国」を創り出していくことは、地球への奉仕になります。統合された軽やかな、クリアーで摩擦のない意識の人たちが築いていく世界は、まさに調和や平和、喜びや安らぎに満ちたものになるからです。

宇宙意識というインスピレーションに満ちた意識から生みだされるものは、何であれハーモニーをもたらすものになるでしょう。

これから地球は、大きく変わろうとしているのです。

極限まで進むと戻るしかない

高い周波数で存在していた自分の波動を落として、地球に降りて来ている僕たちは、統合から分離へと振り子を振り、今その振り子が極限まで振り切れ、元の統合された意識へと戻る時を迎えています。

分離は幻想でしかなく、本来はすべてがつながっていて、すべて自分だったのだということを、憶い出そうとしているのです。

振り切れた振り子が戻ろうとする自然な流れに逆らうのは大変なことです。

人類が目醒めへの流れに乗りつつある今、目醒めないと決めた人たちは、川の流れに逆らって泳ごうとしているようなものだからです。川の流れはどんどん加速していきますので、流れに乗らないことで、どんどん辛く苦しくなっていくのです。流れに身を任せれば、楽で簡単に目醒めへと到達することができるのに……。

一方、目醒めに向かう人たちは、自分の周囲に何が起きても影響を受けなくなります。目醒めない人たちとの接点も、どんどんなくなっていくでしょう。これは優劣ではなく、波長の法則・類は友を呼ぶというように、それぞれが発する周波数が大きく変化するために、共存できなくなってきてしまうからです。

それに伴い、これからの世界では、「そんなバカな！」と言いたくなるようなことがどんどん起きてくるでしょう。社会情勢、金融も政治も何もかもが大きく変化します。そして目醒めた人と目醒めない人とでは、まったく違う世界を生きるようになります。それぞれが、その意識で現実を映像化するからです。

また目醒めへ向かう流れは、人類の肉体の構造も変えていきます。

現在、僕たちの身体は炭素ベースでできていますが、それがクリスタルのようにケイ素ベースへと変わっていくことになります。つまり、クリスタル化していくのです。もちろん、実際に鉱物になってしまうのではなく、肉体の密度は希薄になっていき、より光を蓄えることができるようになります。それにより、アセンション・シフトのプロセスが加速することになるのです。

こうして目醒めへと向かうと、波動を落とし、分離することで休眠状態になっていた細胞やＤＮＡが目醒め始め、人類は、より健康になっていきます。２０５０年には、１２０歳まで生きる人も珍しくなくなります。それだけではなく、サイキックな感性（霊能力）は開き、レビテーション（空中浮遊）やテレポーテーション（瞬間移動）など、ＳＦの世界と思われていた才能や能力も復活する可能性が出てくるでしょう。信じられますか？

また、あらゆる技術が発達し、２０２１年からの10年間で大きな技術革新が起きていきます。人類が目醒めの流れへと乗り始めた後の世界は、想像が及ばないほど、現在とはまったく違った世界になるのです。僕たち人類にできないことなどないのではないかと思えるくらいに……。

地球で生み出した周波数を変えていく

僕たちは、たとえば「苦しい」という周波数（フィルム）を３６０度グルっと取り巻くフルスクリーンに投影し、その映し出した映像に強く意識をフォーカスすることで、まるでその映像によって苦しみを体験しているかのように、リアルに感情を体感して来ました。でも本来は、映し出されたフラットでニュートラル（中立）な映像に過ぎません。苦しいという体感が自分の中で起きている「だけ」なのです。

もう一度言います。「現実というのは、ただスクリーンに映し出された中立の映像で、感じているのは自分の中だけ」なのです。

宇宙意識である本来の自分には、「苦しい」という周波数はありません。

ではなぜ、いま苦しみを味わっているのかと言えば、「苦しみとはどんなものなのか？」を体験したかったからです。それを体験したいがために、波動を落として地球にやって来たのです。

ところが、その事実をすっかり忘れてしまった僕たちは、目の前に繰り広げられているスクリーンの映像を何とかして変えようと試みています。そうして、思い通りになれば喜び、ならなければ落ち込むという、一喜一憂の生き方をしているのです。

僕たちは大切な真実を憶い出す必要があります。映像を変えるには、フィルムを換える必要があるということをです。映し出されている映像を変えようとスクリーンに駆け込んでも、当然変わることはありませんよね。言い換えれば、フィルムを換えることで目の前の現実という映像は、当たり前のように変化するのです。

僕たちの日常を例に挙げて説明してみましょう。

ある人は、「私はどこに行っても、いつも軽んじられる」と言います。コンビニに行っても「いらっしゃいませ」という言葉すらかけてもらえないと嘆いています。

つまり目の前の出来事で、こんな思いをさせられていると感じている訳ですが、実際には「私はどこへ行っても、いつも軽んじられる」という思いを持っているから、もっとシンプルに言えば、その出来事を見た時に感じた感情という周波数、それが映像化して、コンビニの店員が自分を軽んじていると感じるような現実を体験するのです。

「人に酷いことを言われて傷ついた」と言う人がいますが、それも同じです。言い換えれば、「人に酷いことを言われて傷つく」というシナリオの映画を観たくてそれを映像化しただけなのです。

こうして僕たちは、本当は自分が人生の主人公であり、自分が現実を創り出しているのだということをすっかり忘れることで、本来の自分には持ち合わせていない、分離することで生み出した地球の周波数をリアルに体感することができたのです。

ですが、今という時期は、目を醒まし本当の自分を憶い出していく時を迎えているので、眠りの体験の仕方を終えていくことが求められています。

そういう意味で言うと、現実は「宝物」だと言えます。

現実を見ることで、自分が今、地球のどんな周波数を使っているかを捉えることができるからです。捉えることができれば、それを手放し目を醒ましていくことができるのです。

今世、今までの何世紀もの長い長い眠りの歴史を終え、本来の雄大で自由で何でもできる自分を憶い出していきたい意識にとって、目の前の現実のすべてが、実は覚醒への扉になっていたことを知ることは、大きなギフトであることに気づくでしょう。

そのことに本当の意味で気づいた時から、僕たちの日常はどの瞬間も、欠かすことのできないキラキラとした宝石へと変化するのです。

第3章

偽りの存在

似非《えせ》の五次元の誘惑

『メルキゼデク』チャネリングメッセージ

私はメルキゼデク、この宇宙の進化・向上における秩序を司る者。

あなたの魂は今、この地球における進化のプロセスにおいて、最終段階を迎えていることを知ることだ。

地球およびすべての宇宙は、創造主により決められたサイクルの通り、次元上昇の真っ只中にいる。

これは宇宙の理《ことわり》であり、不変の真理である。つまり、何人たりともこの流れから逃れることはできない。たとえ、あなたが全力でそれを拒否しようとも、だ。

私はあなたに、宇宙の自然な進化の流れを理解し、優雅に易々と乗っていくことを勧める。なぜなら、すでにあなたは、深いところでそれが真実であることを知っているからだ。

その事実に蓋をし、見ないふりをすればするほど、あなたの中に分離(葛藤)を起こし苦しむことになるだろう。

目醒めとは、ただ本来の自分を憶い出す……ただ、それだけのことである。あなたは憶えているだろうか、かつて自分が地球を優に抱えるほどに大きな意識であったことを……憶えているだろうか、自分の中に「すべて」を有していたことを……そして、私とあなたが一つであったことを……。

あなたは今まで、地上において数々の役柄を演じてきた。あるときは善人を、またあるときは悪人を。そして他のときには貧しい人生をおくり、さらに他の人生では裕福だったのだ。こうして様々なコントラストを体験した今、あなたの人生は集大成を迎え、そろそろ卒業というところまで来たのである。

ときに傷つき、ときに笑い、ときには不運を嘆き、ときには幸せを謳歌しただろう。酸いも甘いも噛み分けたあなたは、遂に新たなステージに上がるときを迎えたのだ。

あとは、あなたが決めるだけである。あなたが決めなければ、何も始まらないことを知りなさい。一度《ひとたび》あなたが決めれば「あなたの道」ができあがる。

そのすべてが創造主によって愛され尊重されるだろう。
我が名はメルキゼデク、あなたに宇宙の真理を伝える者なり。

偽りの存在──似非《えせ》の五次元の誘惑

本章では、「目醒め」を妨げる偽りの存在についてのお話をします。

偽りの存在は、自らの作り出した世界を崩されることを恐れ、僕たちが目醒めることを妨げようとします。彼らの支配下にいると本物の五次元以上につながることはなく、似非の五次元につながってしまうのです。

抜けられないピラミッド構造

偽りの存在は、自らを頂点としたピラミッド構造を形成し、すべての者を支配下に置こうとしています。

いま人類は目醒めに向かい、三次元を抜けて四次元、そして五次元へとジャンプしようとしているプロセスにいます。偽りの存在は、何としてでもそれを妨げようとしています。なぜなら、人類が真実に目醒めてしまうと、自分たちが頂点にいることができなくなることを知っているからです。つまり、僕たちが本来の力を取り戻し、誰に頼ることなく、自分の人生を変革する力を取り戻すことを怖れているのです。

僕たちの今いる物理次元というのは、現実ありきの世界です。すべてが自分の内側ではなく、外側に存在しているという概念で成り立っています。たとえば、お金・健康・パートナーといったものが、すべて何らかの支配構造を持ち、世の中に満ち溢れています。これは地球の周波数そのものであり、罪悪感や無価値感が根底にある世界です。この世界では、誰かが誰かの上に立つ構造が成り立ちます。上下関係を作ることや、何かと何かを比べる意識を持つことが当たり前の世の中です。

地球に根づくために、本来の高い波動を落とすことで分離して生み出した地球の周波数である罪悪感や無価値感、あるいは不安や恐れを利用して、僕たちを支配しようとしている存在がいます。それを僕は仮に「偽りの存在」と呼んでいます。

偽りの存在は、三次元以上の意識を持っている存在です。彼らは、本当の意味で目醒めていく存在ではありません。罪悪感や無価値感をベースにした、あらゆる感情を逆手に取って支配者になろうとしている存在であり、実際、彼らは現在の地球の9割以上の富を掌握しピラミッドの頂点に立っています。

彼らは、富や名声、権力を掌握しており、この眠りの三次元密度のなかでどうすればそれらを手にすることができるかを知り尽くしています。それを知らない人たちは、彼らに踊らされてしまうのです。何より彼らは、五次元以上の世界があることも知っているので、ある見方からすれば、進化している存在とも言えるでしょう。

ピラミッドの頂点に立っている偽りの存在たちは、人々が目醒めて力を取り戻すことで、あらゆる豊かさを自ら生み出すことができるようになってしまうことを恐れています。なぜなら、そうなれば、彼らを頂点としたピラミッド構造が成り立たなくなってしまうからです。この世界の支配者として頂点に立てなくなるのは、彼らにとって最も避けたいことなのです。

偽りの存在たちは、「人間にはどうしようもないことがあるんだよ」と思い込ませ、僕たちが無力であると信じ込ませることで、思うように操ろうとしているのです。彼らの作り出したピラミッド構造の中にいる限り、僕たちは三次元密度から抜け出すことはできません。

彼らは巧妙に偽りのマトリックスを形成し、目醒めたと信じ込ませて、偽りの五次元へ導こうとすらしているのです。

高次の存在たちは、偽りの存在たちが作り出しているこのような状況を由々しき事態だと見ています。人類を目醒めさせたくない人たちが頂点に立ち、目醒めを邪魔しているからです。

真実の上昇気流へ

ところが、近年偽りの存在たちが急速にその立場を追われています。地球も人類の一部の意識も深い眠りから目を醒まし、本格的に波動を上げ始めたことで目醒めへの流れが加速しているため、宇宙からさらなる覚醒を促す強い光の波が地球に押し寄せているからです。真実を浮き彫りにする光、本物を露わにするエネルギーがシャワーのように降り注ぎ、それが僕たちを覚醒へと促しています。やがて意識の内側から変化が起こり始め、真実の目醒めの上昇気流に乗ることができます。

現在、世界中で起きている熱や火、そして水や風を伴う想定外の自然災害は、こうした流れの中で起きているものであり、新たな時代への準備のため、僕たちの意識の目醒めを促しているのです。こうした事実に多くの意識が気づき、自発的に目を醒ます流れに乗り始めるほど、浄化のプロセスはもっと穏やかなものになるでしょう。

覚醒やスピリチュアルに意識が向く向かないに関わらず、いま地球に起きていることを冷静に眺めて見た時、明らかに異常なことが起きていることは、おわかりになると思います。つまり僕たちにとって、今という時は本当に大きな分岐点になっているのです。

同様に偽りの存在たちもまた、降り注ぐ真実の光による影響から完全に逃れることはできません。それをわかっていので、彼らはあの手この手を使って邪魔をしているのです。簡単に言うと、意識のシフトを起こさせないために、思考のコントロール、つまりマインド・コントロールをする訳です。

たとえば人類の思考を操作するために、偽りの存在たちはメディアを操ることもします。そうすることで、実際にはまだ起きてもいないネガティブな憶測を吹聴し、不安を煽り、人々の恐れ・恐怖をピークに持っていこうとするのです。

彼らは、僕たちの意識・思考が現実化することを知っているので、多くの人がメディアなどで流された憶測を信じたり怖れたりすることで、現実化させようとする訳です。たとえば、第三次世界大戦などもその一つですが、こうした憶測を多くの意識が信じ込めば込むほど、それが実現する可能性を高めてしまうことを知ってください。

僕たちは本来とてもパワフルな存在であり、ただそれを忘れて眠ってしまっているだけなのです。だからこそ彼らは、僕たちのパワーをうまく使って、自分たちが優位に立てるよう操ろうとする訳です。その事実に気づいてください。僕たちは本来、とても純粋でパワフルな光そのものなのですから。

偽りの存在はメディアを取り巻き、人類の意識・思考を強烈にコントロールしようとしています。それは、最も強いコントロールと言っても過言ではありません。

もし、あなたが本当に目醒めたいと思うなら、必要以上にメディアに意識を向けないことが重要です。目醒めて本当の意味で五次元以上の意識レベルへ到達してしまえば何を見聞きしても自分にとっての真実をしっかりと見極めることができますが、目醒めの途中でメディアに意識を向けてしまうと偽りの存在たちの思惑に簡単に意識を引っ張られ、真実の目醒めからは遠ざかってしまうことになるでしょう。

２０２０年の目醒めの扉が閉まる時までが、彼らにとっても正念場です。日々、目醒めを促すエネルギーがどんどん高まっているので、何としてでも人類の意識の波動を下げようと画策しているのです。

僕は、あなたが偽りに惑わされず、目醒めた先の世界へと意識の焦点を合わせていただくために、この本を書いています。

真実を暴き出すエネルギーが宇宙から降り注ぎ、それがどんどん強くなっていくいま、人類は確かに目醒めへと向かう流れのなかにあります。

偽りの存在は、光が当たるとその存在が露わになっていきます。光が影を浮き彫りにするため、隠して抑え込もうと必死になっているのです。窮鼠猫を噛むということわざのとおり、彼らは必死に目醒めを妨げようとしています。だからこそ、注意していないと、容易に足をすくわれてしまいます。

高次の存在たちは、偽りに気づいた人たちを引き上げて真実の上昇気流へと導き、目醒めをサポートしようとしています。

高次の存在たちは、すべての人を目醒めさせようとしているのではありません。必要なのは、周波数ホルダーである14万4千人です。つまり人類全員である必要はなく、この数の人たちが目を醒ますことで、目醒めの連鎖が起きていくのです。なぜなら、1人が目醒めれば、2万人以上に影響を与えることができるからです。よく自分1人だけが何をしたって、そんなに変わりがないという人がいますが、とんでもありません。

あなたが変わることが、世界に本当に大きな影響を与えることになるのです。

周波数ホルダーとは、こうして自分が目醒めることで、後に続く意識たちの灯台、あるいは電波塔になる人たちのことです。もっと言えば、この数の人たちは、今という地球の大きな転換期をサポートするべく志願して生まれて来た人たちなのです。だからこそ、高次の存在たちは、本当に目醒める意識のある人たちをピックアップしている訳です。

この本は、周波数ホルダーである14万4千人の人たちが、その事実に気づいて目醒めに向かってもらうために書いています。つまり、いま本書を読んでくださっているあなたも、そのうちの一人かもしれません。なぜなら、偶然などというものは一つもないのですから……。

偽りのマトリックス

偽物は、真実に近いところに存在します。簡単に言うと、99パーセント真実を語り1パーセントの嘘をつくことで、目醒めに興味を持った人たちを自分たちの側に引っ張っていこうとするのです。

厳しい言い方になるかもしれませんが、もしも自身の内側にある影・闇の部分から目を背け、楽しいだけのお花畑で遊んでいるようなふわふわした「スピリチュアルごっこ」にはまってしまっていたとしたら、偽りの存在たちが作り出したマトリックスに容易に引き込まれてしまう危険性が高いです。この人生において、目醒めることが第1優先事項ではなく、楽しみ・趣味のようなものになってしまっていると、魅惑的な偽りの存在たちの手を簡単にとってしまうのです。

もちろん、スピリチュアルを楽しみながら探求していただきたいと思います。実際、広大無辺な世界に足を踏み入れることは、魅力的な冒険とも言えますから。

ですが、それだけ広い世界だからこそ、真摯に謙虚に進んでいく必要があるのです。僕自身もそれを一番心がけていて、奢りや昂ぶりを戒め、常に浄化し統合することを心がけています。だからこそ、深刻になる必要はありませんが、「真剣」になってほしいと呼びかけているのです。

なぜなら、世のスピリチュアルリーダー（スピリチュアルを教える教師）たちの中にも、それとは気づかずに偽りの存在に惑わされてしまっている人たちがいるからです。

そうなると、そのリーダーに従っている人たちは全員、彼らにかっさらわれて真実の五次元へは決してつながることのないマトリックスの中に閉じ込められてしまう可能性があるのです。

偽りの存在たちは、スピリチュアルリーダーを狙います。彼らを支配下に置けば、彼らに従っている人たちも全員、支配下に置くことができるので、手っ取り早いからです。僕は長年、こうした「偽りの存在や、その話」については、なるべく触れないようにして来ました。なぜなら、こうした話に拒否反応を示す人たちがいるのも事実ですし、実際こうした話をするようになって、「こんな話を聞きたい訳ではない」と去っていった人たちもいるからです。でも、こうして地球が大きく動き出した今、ポジティブな楽しい話だけをしている訳にはいかず、何が起きているのかをきちんとお話する必要があるのです。

真意は、この情報社会においてたくさんの情報に触れる中、それを決して鵜呑みにするのではなく、きちんと自身の心に照らし合わせて精査していただくためです。誰が言っているからとか、有名だからとか、霊能力があるからとかではなく、あなたの心の声を頼りに「しっくりくる・腑に落ちる」情報を受け入れ、そうではないものは脇に置いてください。もし、後々しっくりくるように感じるなら、取り入れれば良いでしょう。こうして、まずは自分のハートに耳を傾けることが大切です。たとえ、高次の存在とコンタクトを取っていると感じても、彼らの言葉やメッセージを鵜呑みにすることだけはしないでください。その意識が、本当に大事なのです。

人類が目醒めへと促されているなか、真実に耳を傾ける人と、偽りに耳を傾ける人に分かれていきます。

では、巧妙に作られたマトリックスから抜けていくためには、どうしたらよいのでしょうか。

目を醒ます覚悟を決める

偽りのマトリックスから抜けていくには、この世界が偽りの存在に支配されてきた歴史があることを知り、認めることから始まります。

メディアを通して彼らにコントロールされていることを知らない人がまだまだ多い

エセの五次元
偽りの存在
偽りの
マトリックス
99%の真実と1%の嘘
(メディア・惑わされたスピリチュアルリーダー)

ように見受けられますが、そのような人たちは、メディアの主張を鵜呑みにしてしまう傾向にあります。

「いや、すべてを鵜呑みにはしていないよ」と言うかもしれませんが、メディアに触れることでいちいち気持ちを乱していたなら、結局は鵜呑みにしていることと同じになってしまいます。

偽りのマトリックスから抜けるには、まずは「私はそこから抜けていく」と心の底から明確に決めることが大切です。

では、そのマトリックス自体にいることを知らない人は抜けられないのでしょうか？

いいえ、そんなことはありません。しっかりとした自分軸を持っている人は、そこから抜けることができます。

「みんなが言っているから」、「テレビが言っているから」、「報道されているから」といってそれを信じるのではなく、すべてを自分のハートに響かせて判断する人は、偽りの存在に騙されることはありません。

反対に、とにかく場を乱さないように、みんなと調和して協調して……というように、自分よりも他人や「外」ばかりを重視してしまう人たちは、簡単に偽りのマトリックスに取り込まれてしまうでしょう。たとえ周囲に受け入れられなかったとしても、自分のハートが感じることを頼りに、自分にとっての真実を生きようとする人は、マインドコントロールから目醒めることができます。

見聞きしたことを鵜呑みにするのではなく、自分の軸を、ハートの声を大切にしようと思うだけでも、変化を感じられるでしょう。何かがおかしいと感じたら、それを感じた自分自身を信頼することです。こうして日々、ハートの声に耳を傾けて進んで行くなら、偽りのマトリックスから抜けて真実の上昇気流へとシフトしていくことができるでしょう。

偽りの存在に、あなたが知らないうちに囚われていないかどうかを見極めるには、自分の人生に対していかに責任を持っているかが重要になってきます。

自分の人生に100パーセントの責任をもち、どんなことが起きても誰かや何かのせいにしないこと。すべて自分のバイブレーションが、体験する現実を創り出していると認めることです。そして、その現実を映し出した周波数を手放していくこと。そうした在り方を習慣にしていくことで、彼らの罠を容易に見破り、真実の上昇気流へ乗ることができます。つまり偽りの存在ではなく、真実の存在たちの手をとることになるのです。

もう一度言います。あの人のせい、この事柄のせい、国のせい、社会のせい、と言っていれば、偽りのマトリックス構造に容易に取り込まれることになります。また自分は正しくてあの人は間違っているなどとジャッジする傾向も手放していくことが大切です。

たとえば、菜食主義の人たちの中には、肉を食べている人たちを批判する人がいます。自分にとっての真実を貫く分には何も問題はないのですが、他人を批判し始めるとズレていきます。批判は、それをすることで自身の波動を著しく下げ、その結果、偽りの存在たちの周波数と同調してしまうことになるでしょう。

大事なことは、気がついた人たちからマトリックスを抜けていくことです。

お話したように一人がそこから抜け出したなら、２万人以上に影響を与えます。つまりたった一人が変わることでムーブメントを起こしていくことができるのであり、それこそが目を醒ますことになるのです。

偽りの存在たちを知らなかったとしても、真実を直感的に感知した人たちが同じように抜けていくことで、偽りのピラミッド構造が崩壊し成り立たなくなっていきます。そのために僕たちがする必要のあることは、目を醒ますための「覚悟を決める」ことです。

スピリチュアルを学ぶことで、今、直面している苦しい現実から逃れられさえすれば、楽になりさえすれば良いという人もいます。もちろんそれがいけないというわけではありませんが、そうした意識の状態で高次の存在とつながろうとすると、自身の人生に責任をとる姿勢のなさが隙となり、高次を装った偽りの存在とつながってしまうことがあるのです。

たとえば、真実の大天使ミカエルではなく、偽りのミカエルがやってくる訳です。偽りのミカエルは、その人が聞きたいと願う心地よいメッセージだけを投げかけてくるでしょう。真実の高次の存在たちは、とても深い愛と優しさに満ちていますが、時に耳が痛いというような、できれば聞きたくないと思うようなメッセージをも伝えてきます。つまり、その人の霊的成長を妨げる助け方は決してしないものなのです。

繰り返しますが、僕がお伝えしたいのは、自分の人生に１００パーセントの責任をもち、偽りのコントロールから抜け、目を醒ます覚悟を決めてくださいということです。もちろん、あなたが人生の主人公です。あなたの「目を醒ましたい」という意志が必要であり、事実どちらを選んでも構いません。でももし、あなたがそれを望むなら、避けて通ることはできない「登竜門」なのです。

そして、こちらも繰り返しになりますが、勘違いしないでいただきたいのは、「深刻になってください」と言いたいのではなく、「真剣になってください」ということです。深刻であることと、真剣であることは全く違うのです。

そうして真実の上昇気流に乗っていくと、何もかもが全く違ってくることになります。

エゴ（自我）の自分は、目醒めることに抵抗します。罪悪感や無価値感をベースにして存在してきたため、そうした周波数を手放して目を醒ましてしまうことは、今までの自分ではいられなくなることを意味しているからです。つまり、エゴの存在そのものの危機です。そのため、さまざまな嘘を吹き込んで不安を煽り、ネガティブな妄想を膨らませようとします。

その結果、「目醒めとか、そんなに真剣にならなくていいかな」などとあなたが思うと、エゴはホッとするのです。「よかった、もう少しで危うく目が醒めてしまうところだった」というように。

といっても、エゴが悪いものだと言っている訳ではありません。眠っていたい僕たちにとっては、大切な役割を果たしてくれていたからです。目を醒ましてしまいそうになると、エゴがあの手この手で邪魔してくれたお陰で、僕たちは地球での眠りを楽しむことができたのですから。

僕たちはもともと、完全な高い周波数の意識だったので、気を抜くと簡単に地球の磁場から抜け出てしまうほど軽やかなのです。つまり、せっかく眠ったのにもかかわらず、すぐに目が醒めてしまう訳です。そこで、僕たちはエゴという分離から生み出された副人格に「もし、何かの拍子に目を醒ましてしまいそうになったら、全力で止めてほしい」と頼んだのです。

僕たちの本質は、喜びや幸せ、ワクワクなどの、いわゆるポジティブな周波数なので、この感覚に従って動くことは、「本来の自分に向かっていくこと」そのものなのです。ということは、そのまま進んでいってしまうと、目が醒めてしまうのです。

　だから、たとえば幸せの真っ只中にいると、自分ばっかり幸せで良いんだろうか……という罪悪感や、いつまで続けられるのだろうという不安、こんなに幸せが続くと何か落とし穴が待っているんじゃないかという怖れを浮上させ、「その先」に行かせないストッパーとしての役割をエゴが担ってくれていた訳です。

　それなのに、いざ目醒めていこうと決めた途端、何の説明もなく自分の足を引っ張る邪魔者のようにエゴを扱うのは、あまりに可哀想というものです。

　ですので、あなたが目を醒まそうと決めたなら、まずはそのことを、エゴに対してきちんと話してあげることが大切です。するとエゴは今までの役割から解放されて、あなたに協力してさえくれるようになるでしょう。


　こうしてあなたは、パワフルなエゴを自分に統合し、さらに波動を上げて、目醒めを加速させていくことになります。エゴは自分の影・闇と言い換えることもできますが、その自分の大事な一側面であるエゴを置き去りにして、目を醒ましていくことなどできないことを理解してください。自身の中の光と闇が統合されるからこそ、真の目醒めが訪れるのです（「エゴを統合し、応援のエネルギーに変えるワーク」Ｐ１３４参照）。

マザーテレサも、亡くなる前にエゴを完全に統合したと言われています。

彼女は亡くなる1週間くらい前から悪魔のようなものを見始め、精神のバランスを崩し、まるで悪魔が取り憑いたようになってしまったそうです。そこで、悪魔を祓うためにエクソシスト（悪魔祓いの専門家）を呼んだそうです。しかし、悪魔だと思っていたのは、エゴでした。エクソシストでも、エゴを祓うことはできません。エゴというのは、自分自身がたとえそれを見たくなくても正面に見据え、受け入れて統合していくしかないのです。

マザーテレサは、エゴを受け入れるのではなく闘ってしまっていたため、周囲の人々も見ていて辛くなるほど、酷く荒れてしまったのだそうです。

彼女は数日間に渡って闘い続けましたが、息をひきとる最後の最後にベッドの中で空中に両手を伸ばし、「あなただったのね」と穏やかな表情でつぶやきながら、抱きしめるようにして亡くなっていったそうです。つまり彼女は、エゴも神聖な自己の一部であることを、本当の意味で理解したのです。

マザーテレサは、亡くなったあとにアセンションし、今はアセンデットマスターの一人として、地球と人類の進化のプロセスをサポートしています。

彼女は悪魔を避けていましたが、それは愛すべき自分の一部であり、自分の中にある闇の部分の反映であったのだということに気がついたのです。

闇とは、光が分離することで生み出された光の一側面です。ですから、統合するためには、一つにしていく必要があるのです。切り捨てるものでも、忌み嫌うものでもありません。

マザーテレサは、その生のなかで自分の内なる神聖さと神の神聖さのみに目を向けていました。そうすることで、結果的に闇から目を背けることになってしまったのですが、その先に進むには、闇と直面しなければなりませんでした。

彼女は、常に1ミリの狂いもなく敬虔であろうとした人です。それは、彼女が僕たちの中にある闇を理解していなかったからではなく、むしろわかり過ぎるほどわかっていたからです。それゆえに、神聖さだけに目を向けることで、無意識のうちにジャッジを行っていたのでしょう。光は善いものの闇は悪いもの、天使は愛すべきもので悪魔は遠ざけるべきものというジャッジです。

もちろん、誰もが同様のことをしています。それが分離の意識そのものだからです。つまり、「正義」の名の下にジャッジが始まるのです。そこにどのような正当性があろうと、大義名分があろうと、このようなジャッジを超えていかなければ、決して目を醒ますことはありません。

マザーテレサは、無意識に闇や悪魔を遠ざけることで、本当は自分の中にあるそれらの部分を肥大化させてしまったのです。僕たちの意識には、「意識を向けたものを拡大する」という作用があります。つまり無意識にでも闇を意識していれば、いつのまにかそれは大きく育ってしまうのです。なぜなら、意識しているから遠ざけようとするのですから……。だからこそ見ないようにするのではなく、自分の中にある闇に目を向け、手放すことで統合していくことが大切なのです。とにかく、このことは彼女にとって、アセンデッドマスターになるための最終試験だったと言えます。彼女がテストとして自分に用意したもの、それが悪魔を見るという体験だったのです。見ないふりをして先に進むことはできない、強烈な体験でした。

その体験は神から授かった贈り物でもあり、彼女は試験にパスしたのです。

僕たちも、エゴを横に置くのではなく正面に置いて向き合っていくことが必要です。直視しないでいる限りエゴは肥大化し、あなたはエネルギーを奪われ続けることになります。

　先ほどからお伝えしている「偽りの存在」に対しても、ジャッジはいりません。ただ正面に置くことです。高い視点から観れば、彼らでさえ、自分の中にある闇の部分の投影だからです。そして、あなたはそこで感じるものを手放し、統合していくのです。

目醒めた世界と眠った世界

　地球の波動が上昇し人類が目醒めへと向かっていくなかで、流れは大きく二極化していきます。

　目醒めていく人たちは、三次元密度の制限から抜け出し、どんどん自由に軽やかに、望む現実を体験し始めます。一方、眠り続けることを選択した人たちは、引き続き地球の重たい周波数を、より深く体験するようになるでしょう。なぜなら、決めたことを強力に後押しする流れがやって来ているからです。

　だから、チャンスなのです。あなたが目を醒ましたいなら、それを心から決めることで、宇宙からのバックアップを受けることができるのですから。

そういう意味で、これから地球がまるで2つに分かれていくような体験をする訳ですが、波動を上げていくことによって、そのことが体感でわかってくるでしょう。たとえば、自分と周波数があまりに合わない人たちは、自分の人生から何らかの形で消えていく体験をすることになります。つまり、簡単に言えば、乗り込む列車が分かれていくのです。

それは、目醒める人と目醒めない人だけではなく、目醒めると決めた人たちの中でも分かれていくことになります。列車に乗るという選択をした人の中でも、特急に乗る人もいれば鈍行に乗る人もいるということです。

目醒めるためには、自分の人生に100パーセントの責任を持っているかどうかを精査することが大切です。本当の意味で、自分軸で立っているかどうかをです。たとえば、本来の自分に一致している人は、人や周りのことを、どうのこうのと言わないものです。あのグループは間違っているとか、このグループこそが正しいなどと言っている人は、そこに立ってはいません。

自分に意識とエネルギーを100パーセント取り戻している人は、人に対してああしろこうしろとは言わないものです。つまり批判もコントロールも一切しません。

真のスピリチュアルマスターであれば、自分の教えている人たちに対して選択する自由を与えます。高次のマスターたちは、「私が言っているからといって、決して鵜呑みにしないように。あなたの心に響かせて、しっくり来るのなら受け入れ、そうでないものは捨て置きなさい」と言うものなのです。

ブッダやイエスのように、高次の存在たちほどそう言います。「それは間違っていて、これが正しい」とか「私の言うことを聞きなさい」などと言うことは一切ありません。そのようなことを言うマスターには注意が必要です。

誰かを祭り上げてしまうのも危険です。そうすることで、自分のパワーを預けることになり、分離をさらに強めることになってしまうからです。

たとえば、ブッダやイエスを自分とは違う絶対的な存在にするのではなく、シンボルとして、目醒めへとシフトしていくことに使うのです。なぜならすべては自分の中にあり、「気づかれるのを待っている」だけだからです。シンボルは、それを「思い出すきっかけ」にしか過ぎません。だからこそ、しっくり来る・腑に落ちるという感覚を捉えることが大切なのです。これらの感覚は自分の中で「すでに知っている」からこそ起こるものだからです。こうして僕たちは、日常に溢れるさまざまなシンボルからサインを捉え、目を醒ましていくことができるのです。

また、目を醒ますことができない「罠」になってしまいがちなのが、「誰かを助けたい、癒したい」という思い・願いです。この地球は分離の惑星なので、善悪や陰陽、ポジティブとネガティブなどの二極が存在します。極の一方が存在することで、対が自動的に現れる世界です。つまり、助けたい・癒したいと思うことで、助けられる人や癒される人を生み出してしまうのです。

このような罠に陥らないためには、自分に集中することです。自己中心的というとネガティブな印象があるかもしれませんが、覚醒というのはそもそも限りなく自己中心的なものなのです。なぜなら、僕たちは意識を「外」に強く強く向けることで眠って来たので、目を醒ますためには、「意識を完全に自分に向けなおす」必要があるからです。

そうして目を醒まし、本当の自分に繋がっていくと、あなたは根本である宇宙につながることになります。つまり「自分自身が宇宙であったことを憶い出す」ことになるのです。

宇宙につながれば、必要なことはすべてわかるようになります。そして、すべてとつながったところから、すべての人や物事とつながるようになります。
たとえば、手の指はすべて独立して動きますが、手のひらでつながっています。それと同じで、個々の人や物事は独立して見えますが、宇宙意識を通してすべてがつながっているのです。

自分の人生に１００パーセントの責任をもち、自分の周波数を完全に扱うことができたなら、当たり前のように周りのせいにして、誰かや何かに当たったり、文句を言ったりなどしません。

そういう目醒めた意識の人たちが増えていけばいくほど、地球は今までとは全く違うものになるでしょう。誰もが本来の幸せや豊かさに満ちた調和の意識で存在し、必要な情報を宇宙からインスピレーションで受け取って、それを政治や経済、そして建築や医療などさまざまな分野に反映させていくことになるのですから。分離ではなく、統合された周波数からすべてが生み出されていく新しい惑星の誕生です。

こうして僕たちの意識が開かれていくことで、分離の意識から生み出された地球のさまざまな「問題」と呼ぶものは溶けて消えていくことになります。その先には、宇宙の検疫もオープンになり、地球外生命体とのコミュニケーションの道さえも開かれていくことになるのです。

地球の周波数を外していこう

地球の周波数を外していくことについて、一つのたとえ話をしたいと思います。

スキューバダイビングをするとき、ダイバーはウエイト（おもり）を付けて水面下へともぐっていきます。水面下に潜り込んだ状態を眠っている状態だとすると、不安や怒りといった一般的にネガティブと言われる感情がウエイトであると言えます。

つまり、僕たちは眠るために、不安や怒り、そして罪悪感や無価値感をウエイトとして身につけてきたのです。スキューバダイビングのウエイトが自分自身の体の一部ではないように、ネガティブな感情も、本来の僕たち自身の一部ではありません。潜るのをやめて浮き上がっていくためには、ウエイトを外す必要があります。

それと同じように、目を醒ますには、不安や怒りなどの地球の周波数を外す必要があるのです。

勘違いしないでほしいのですが、不安や怒りといった周波数は嫌なものだから、重たいから、ネガティブなものだから外すのではなく、本来の自分のものではないから外すのです。

本来の自分のものではないものを抱えていると、自然と居心地は悪くなります。居心地が良くない感覚というのは、「それは本来のあなたのものではありませんよ」というハイヤーセルフからのサインなのです。

そのような感情を一つひとつ外していくことで、自分の中が一つになり、波動が上がっていくことになります。

ですから、もし、あなたが目醒めたいのであれば、地球の周波数を捉えたら、すぐに外しましょう。出てくるたびに、その場で外すことです。

目醒めることにコミットするなら、外してください。いつかまとめて外そう……ではなく、いま外すのです。なぜなら、いまそれが出てくるというのは、「いま外してくださいね！　今がその時ですよ」というタイミングを迎えているからです。もちろん、何らかの理由でできないこともあるかもしれませんが、できる限り意識しましょう。

もし、あなたが右利きで左手も自由に使えるようになりたいと思うなら、日常で常に意識して左手を使っていく必要があります。「いま左手を使っているよね？」と常に意識していないと、すぐに右手に持ち替えてしまうでしょう。長年の習慣だからです。

それと同じで、何世紀も出て来る周波数を「使って体験する」ことには慣れていますが、「外す」ことには慣れていないので、始めは意識し続けることが必要なのです。

そのうち、手放すことが習慣になり、楽しくなってきます。なぜなら、手放すことで目を醒ますことができるからです。その軽やかさや喜びを体感できるようになるからです。

だからこそ、本当に目を醒ましたいなら、目醒めることに覚悟を決めることが求められます。「スピリチュアルや目醒めることに興味がある」くらいでは、目を醒ますことはないでしょう。

今はアセンデッド・マスターである、パラマハンサ・ヨガナンダという、東洋から西洋にヨガを伝えたインドの聖者の言葉に「神を本当に求めるのなら、溺れる者が藁をも掴む思いで求めなさい」というものがあります。つまり「無我夢中になりなさい」という意味ですが、目醒めることも全く同じで、それだけ真剣に求める必要があるのです。あなたが「本当にしたいこと」ならば、それはできるでしょう。今までだって、何がなんでもやりたいことは、きっとやってきたはずですから。つまり「あなたが、本当に向かいたい先はどこですか？」という、ただそれだけなのです。

日々、出てくる地球の周波数を、今まで通り体験するために使うこともできますし、目醒めるために手放すこともできるのです。目を醒ましていきたいのであれば、毎瞬、目醒めることを選択し、ワクワクしながら手放していきましょう。

手放せば手放すほど、あなたは波動を上げ、宇宙意識に強く深くつながっていくことになります。そして、本来の力を取り戻し、自分の望む世界を自由に具現化できるようになります。パラレルワールドが視界に入り、テレポートするように簡単に望む現実を体験することができるようになるのです。

もちろん、これは現実を変えるためのものではありませんが、手放すことは、本当に楽しくワクワクすることです。手放せば手放すほど視点は上がり、見え方や捉え方も変わってきます。そうして、今までとはまったく違う現実が目の前に映し出されるようになるのです。

次々と出てくる地球の周波数を使うのではなく、一つひとつ手放していくこと。これが目醒めていくためのスタンスです。出てきた周波数をいちいち使っているうちは、まだその覚悟が決まってはいません。何が起きても、それを目醒めるためのチャンスにすること。どんな理不尽なことが起きても（真実は、自分でそれを「起こしている」のですが）、これを目醒めるために捉えて外す、というスタンスが重要です。

スピリチュアルな解放において「感情は、味わい尽くすことが大事」と言われますが、それを感じきることは必ずしも必要なことではありません。

ただ、感情に浸ることが役に立つときもあります。目醒めのプロセスにおいて、時に感情の嵐に巻き込まれ、手放すどころではなくなることもあるでしょう。そんなときは、感情を感じ尽くすことで、パワフルな感情のエネルギーに抵抗しない分、早くそこから抜け出すことができるのです。そうして、余裕ができてから手放すのも一つのやり方です。

僕たちは、スクリーンに映し出した現実という映像に、感情というバイブレーションをくっつけて体験することで、眠ってきました。まるで外の現実によって、こんな思いをしているのだと言わんばかりに。でも、真実は全く逆で、「バイブレーションが先」で、それがフィルムのように働き、外のスクリーンに映像を投影していただけだったのです。

なので、その体験の仕方を続けていたら、いつまで経っても目醒めることはありません。

先ほどもお話したように、感情の嵐に巻き込まれてしまっているときは、感じ尽くすことが役に立つこともあります。でも、そうやってすべての感情を感じ尽くしていたなら、目醒めるまでに何世紀もかかってしまうでしょう。

手放すバイブレーションがどんな感情なのかを詳しく知らなくても、統合することはできます。もし知る必要があるなら、手放した後にわかるでしょう。ですから分析しようとせず、居心地のよくないバイブレーションが出てきたら、すぐ外すことを習慣にしてください。そうしないと、分析しているうちに深く眠り込んでしまいますから……。

20年前なら難しかったかもしれませんが、地球が螺旋を描きながら上昇気流を起こし、波動を上げている今は、簡単に目を醒ましていくことができるのです。

僕自身、こんな体験をしたことがあります。

ある日、大きなバイブレーションを外したときのことです。おそらく過去世と思われるものから今世見覚えのあるものまで、体験してきたたくさんの現実のシーンが、目の前のスクリーンに一気に映し出されたのです。あの時の感動は今でも忘れません。「え……と言うことは、あの出来事もこの出来事も全部このバイブレーションで映像化していたんだ……そして、これを手放すことで長い地球の歴史を終えることができる。もう二度と同じ現実を映像化することはないんだ！」ということがハッキリわかった瞬間でした。

中途半端ではなく、完全な「統合」を起こすと、まるで違う次元、違う惑星にいるかのように感じます。「軽くなったな♪」程度のものではありません。実際、波動を大きく変化させることで、別のパラレル・リアリティーへとシフトしているのです。

大事なことは、あなたが創り出した現実が居心地のよくないものなら、それを映し出すのに使った周波数を捉えて手放し、さっさとその次元から抜け出すことです。

そうした本当の「統合」を起こすたびに、あなたは本来の自分である宇宙意識に繋がり、調和や豊かさなどの高いエッセンスを反映する現実を映像化し始めるのですから。

そろそろあなたも、あなたが創り出すすべての現実を使って、軽やかに目を醒まし
ていきませんか？

第４章

今この瞬間に

時間は連続してはいない

『セント・ジャーメイン』チャネリングメッセージ

私はセント・ジャーメイン。この変容の時代を守り導くよう創造の源より託された、第7光線を司る存在なり。

この祝福された時代に生まれたあなたは、何と幸せなことであろう。何世紀にも渡る輪廻の旅路を終え、いよいよ待ち望んでいた「故郷」へと還ることができるのだから。

そのための万全なバックアップ体制が、今宇宙には出来上がっている。これは今という時代の恩寵であり、このようなことはあとにも先にも、ないことだろう。それくらい、あなたは今特別な時代を生きているのだ。

だからこそこの地球も、新たな惑星に生まれ変わるべく、今まで溜め込んできてしまったネガティビティを解放しようと、浄化に次ぐ浄化をおこなっている真っ最中なのだ。

これはもちろんあなたにも、そして生きとし生ける者すべてに起きているプロセスである。「重たい荷物」を持ちながら、次元をジャンプすることはできないということだ。

そしてそのようなときにこそ、パワフルな浄化のツールを使ってほしい。私が守護する「バイオレット・フレーム（紫の炎）」は浄化のエネルギーそのものであり、誰であれ望む者には使用を許されている冷たい炎だ。

もしあなたが浄化を必要とするときは、心の中で「セント・ジャーメイン、私を紫の炎で包み浄化してほしい」と依頼する、もしくは「私は、セントジャーメインの紫の炎である」と宣言するのだ。

そして勢いよく燃え上がる紫の炎が、あなたを包み込むイメージをし、その中で紫を呼吸しなさい。特に浄化したい思考や感情が燃え尽き、灰となり光に転換されていくところを視覚化するとよいだろう。

あなたがこの炎の使い方に慣れたら、ぜひそれを地球の浄化のためにも使ってもらいたい。

あなたを包み込む紫の炎を、あなたのいる部屋、地域、国そして地球というように、どんどん拡大させ包み込んでいく。そして必要な浄化がおこなわれることを信頼しながら、あなた自身も紫を呼吸していなさい。

これはあなたが今すぐできる、地球へのパワフルな奉仕である。

こうして浄化が進む中、あなたは目醒めのプロセスを、さらに加速させていくことができるのだ。


今地球は、深い眠りについていた物質主体の魚座の時代から、精神性・スピリチュアリティが優先される水瓶座の時代へと移行し、目醒めのサイクルを迎えたのである。

これからのあなたの生き方次第で、この惑星の黄金期を体験することができるのだと言ったら、心踊らないだろうか？

私はあなたに心から呼びかけよう、この心踊る次元上昇の旅へ同行することを。そこには、あなたが未だかつて降り立ったことのない、新たなるステージとストーリーが用意されていることだろう。

私はセント・ジャーメイン。大いなる変容の時代の守護者なり。

今この瞬間に――時間は連続してはいない

この章では、時間という概念についての真実をお伝えしていきたいと思います。

僕たちは、時間を過去・現在・未来と分けて認識していますが、実のところ、それらは一直線の時系列でつながっているのではありません。わかりやすく言うと、時間とは１つの球体の上に無数に存在する点のようなものです。前後や上下があるわけではなく、自由に回転させて見ることができる……そのようなものなのです。

さて、「今をどう生きるかで未来は変

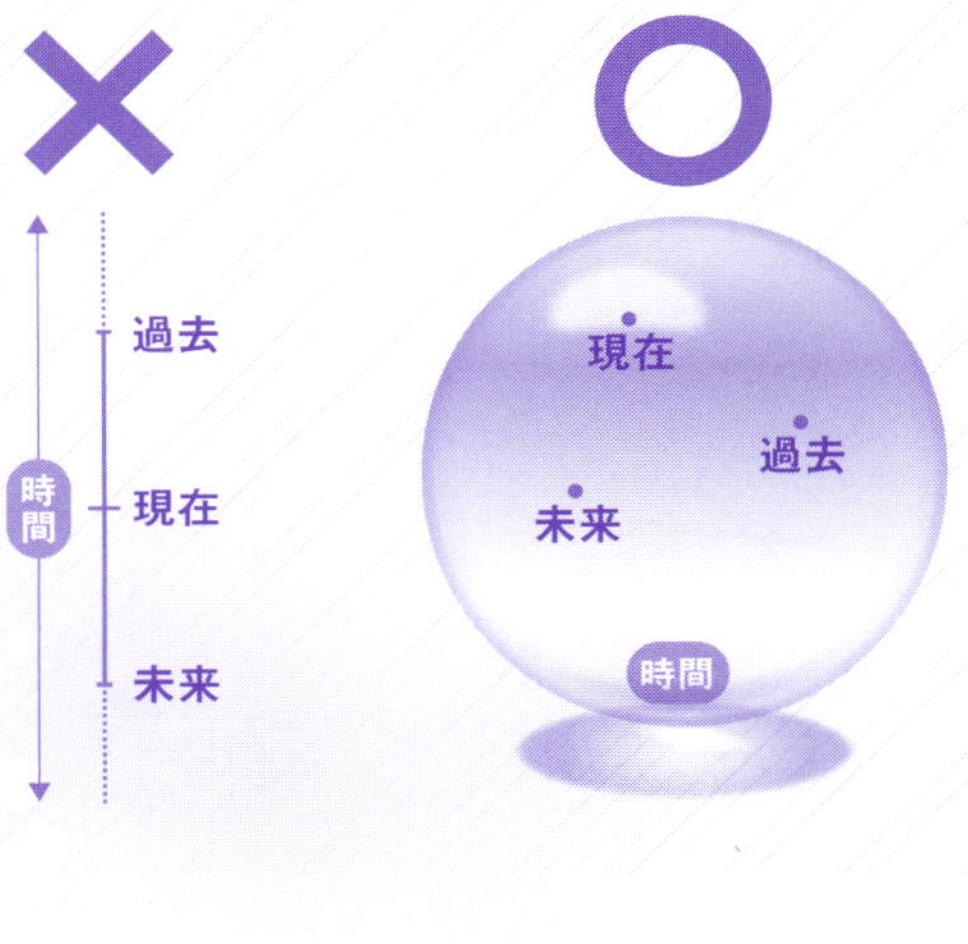

えることができるが、過去は変えられない」、そう思っている人がたくさんいます。たしかに、三次元の地球ではこれは事実として捉えられていますが、真実は違います。

実際には、今の自分の波動を変えれば、現在だけでなく未来も、さらには過去まですべてが変わっていくことになるのです。

すべてはただの記憶

脳は記憶を保持している器官だと思われています。

ところが、霊的に観ると脳は受信機のようになっていて、記憶自体は個人的、あるいは人類共通のエネルギー的なフィールドにさまざまなパターンとして、浮かぶように存在しています。そして厳密に言うと僕たちは、今の自分の周波数に合致する記憶を、それらのフィールドから受け取っているに過ぎません。

つまり、絶対的に「正しい記憶」などというものは存在しないことになります。

たとえば、誰かと話していると、お互いの記憶違いではないかと思う出来事が起こることがあります。実際は、どちらかが正しくてどちらかが間違っているわけではなく、お互いが別のパラレルワールドにおける体験を語っているのかもしれず、その点ではどちらも正しいのです。

量子物理学では、この世界は波動でできていると言われていますが、まさにこの世は「波の動き」が結晶化した姿に過ぎません。僕たちの意識はとてもパワフルで、ある特定の波の集まりに注意を向けると、一瞬にしてそれを物質化させてしまうのです。言い方を換えると、人はあるパターンで動く波を見た時、それを「脳内で具体的な形として視覚化」して捉えるのです。でも、本来は「ただの波動のパターン」に過ぎません。つまり、「見えている通りではない」のです。そうした意味では、肉眼で捉えているもので確かなものなど、何一つないと言えます。

それを体験している人にとってはある種の真実ですが、現実と思っているものは、ただスクリーンに映し出された「中立」の映像であり、感じているのは「自分の中だけ」なのです。夜に寝て見る夢を思い出してみてください。夢の中ではあんなにリアルなのに、目が醒めると映像は瞬く間に消え去り、恐怖や喜びなどの「感情だけ」が体感として残っているだけです。僕たちが「現実」と思っているものも、実は全く同じなのだと言ったらどうでしょう？　つまり僕たちの内に持ち合わせている周波数がフィルムとなり、現実というスクリーンに映像化されているのだということです。

自分の外に真実と言えるものはありません。

現実という体験は、今までもこれからも外には何もなく、体感が中で起きているだけなのです。


さて、時間の概念に則して、輪廻転生についても、一般的には、当然のように過去から未来へ向かって転生を続けていると思われています。たとえば、縄文時代のあとに弥生時代がやってくるように、江戸時代のあとに明治時代がやってくるように、歴史にしたがって過去から現在に至るまでに何度も転生してきていると考える訳です。

しかし、先ほどもお話したように、時間は一直線の時系列で存在しているのではないので、いわゆる未来ではなく、過去に転生することもできるのです。もちろん転生する先は、自身の霊的成長に応じて変化するのですが、今世さらなる進歩を選択しない場合、もしかすると、あなたが次に転生する先は原始時代かもしれません。

一瞬一瞬は連続してはいない

繰り返しますが、時間は連続して存在しているわけではありません。過去・現在・未来という直線的なつながりが存在するのではなく、今この瞬間にすべての時が同時に存在しているのです。

ということはつながっていないため、毎瞬毎瞬、真っさらでも良いということです。過去がこうだったから現在がこうなり、未来は必然的にこんな流れになる……などとつなげる必要はないのです。

映画は一つの流れが連続しているように見えますが、その元になっているフィルムは一コマ一コマが独立して存在しています。それを回した時に、まるでつながっているように見える訳です。

実は、僕たちの現実も全く同じで、毎瞬は独立して存在しているのに、時間軸というイリュージョンにとらわれているため、まるでつながっているかのような体験をしているだけなのです。

僕自身、統合をしている最中に、自分の動きが高い視点から観えたことがあるのですが、上から観ると一連の流れの間に「わずかな隙間」があって、一つのフィルムに含まれる映像が、少しずつ角度を変えて連なっていたのです。

つまり、毎瞬はつながってなどなく、もし今この瞬間に波動を変えてしまえば、次の瞬間、全く違うフィルムへ飛ぶことも可能なのだとわかったのです。

実際、多重人格者にまつわるこんな話が記録として残されています。

たとえば、Aという人格を表している時には身体に腫瘍が存在しているのですが、Bという人格に入れ替わった瞬間、CTを撮っても腫瘍は存在しないのです。そして、また、Cという人格になった瞬間、今度は風邪をひいているというように、全くバラバラなのです。

僕たちは今まで、時間は連続して存在していると教えられてきましたし、それを当然のように信じて「使って」きましたが、そろそろその使い方をやめても良いのかもしれません。

なぜなら、その幻想から抜け出した時、僕たちは「人生はいつでもやり直すことができる」ことに本当の意味で気づき、力を取り戻すことになるからです。

だから「こんなことをしてしまったから、もうダメだ」とか「人生はお先真っ暗だ」

などと決して諦めないでください。

その現実を創り出すのに使った周波数を捉えて手放すことで、その先の新しい展開が必ず視界に入って来ることになるのですから。

目醒めとアセンション

すべての現実は自分が選んで使っている周波数により、外界のスクリーンに投影された映像であり、イリュージョンである。ゆえに、この周波数を変えることですべてを変えることができる。つまり自分自身がすべての原因であり、創造主であったのだということに気づくこと。

これが、いわゆる「悟り（目醒め）」と言われるものです。

「悟り」があって、その先に「アセンション」があります。

悟りを得ると、目の前で起きている（本当は自分が起こしているのですが）現実を見たとき、「現実を何とかしなきゃ」と言って現実に対処しようとするのではなく、自分の周波数を上げることに意識を向けます。

現実という世界は、すべてが自分の内面を写し出す鏡であることを心の底から理解しているので、自身の波動・周波数に１００パーセントの責任を持っているのです。

だからこそ幻想から抜け出し、宇宙意識という大きな真我につながって、必要なすべての情報や可能性にアクセスすることができるようになる訳です。そして、その意識から自由に望む現実をクリエイトしていくことになります。そこに執着やこだわりは一切ありません。自分がすべてを創り出していて、現実はどうとでもできることを知っている意識で存在しているので、何よりも平和や調和、そして安らぎのバイブレーションで満たされているのです。

自分が創造主であることを憶い出すこと。

これが悟りであり、目醒めなのです。

この世の中はイリュージョン

ここまでお話してきたように、あなたの周りで現実に起きていると思っていることは、スクリーンに映し出された映像に過ぎません。

ですから、起きている（映し出されている）出来事にとらわれないでほしいのです。出来事にフォーカスすることで、本来は波の動きであるはずの柔らかなものが、より強力にガチッと固まり、体感もさらに強くなることでリアル感が増してしまうので、ますますそこから抜けられなくなってしまうからです。

映画のスクリーンに映し出されているストーリーはただの映像なのに、それをまるで現実に起こっているかのように錯覚してしまう状態になるからです。

本当は、すべてはただの波動なのに、僕たちは意識を向けるもの、強くフォーカスするものをより具体的にリアルに結晶化させてしまうのです。つまりパワフルな意識の力を使うことで、それが自分にとってリアルなものとなり抜けられなくなってしまうのです。

だからこそ、結晶化させることに使っている意識とエネルギーを自分に戻していくことが大切です。

言い換えると、「問題だと思うから問題になる」のです。

問題視しなければ、波動がガチッと固まる前に、それは消えていくことになります。意識を向けなければ、結晶化は起こりません。

たとえば、「あの人に言われた嫌な一言が頭から離れない」という状況を想像してみてください。このような状態は、「嫌な一言を言われた」という出来事にずっとフォーカスし続けていることになります。そうすると、今この瞬間には何の問題もないのに、厳然たる事実としてあなたの前に結晶化し、いつまでも影響し続けることになります。

では、どうすれば良いのでしょうか？

現実を映像化するのに使った周波数を手放していくことです。そうすることで、問題はそこに留まり続けることができなくなるからです。映画のフィルムを替えたのに、前の映像がそのまま映り続けることはありませんよね。

僕が今お話したことは、目醒めた先の未来には、当たり前のこととして認識されるでしょう。これらは決して特別なことではないのです。

今の自分を変えればすべてが変わる

時間を飛ぶ経験をしたことはありますか？

はっきり意識したことはないかもしれませんが、あなたにも経験があるかもしれません。

友達と6時に会う約束をして、それに合わせて家を出たとします。でも忘れ物に気づき、家に戻ったりしているうちに、すっかり遅くなってしまい、そのまま行ったら当然乗ろうとしていた電車には間に合いません。ところが、どう考えても乗れないはずなのになぜか間に合って、予定通りに友人に会えたという、そんな経験です。

時間が連続しているという認識だと、遅れたら絶対に間に合わないという状況でも、時間は連続していないことを知っていると、偶発的にでもテレポートするような体験をすることがあるのです。

一瞬にして、別のパラレルワールドに移行してしまうとも言えますが、僕自身もこのようなことを何度か経験しています。

ある時、買い物をしようとしていたのですが千円足りなく、そのまま帰ろうとした時、フともう一度お財布を開いてみようという衝動に駆り立てられました。すると、先ほどはなかった千円札が一枚だけ入っていたのです。

そんなバカなことがあるわけないと思うかもしれませんが、地球のさまざまな観念や概念を手放していくと、あなたもこのようなことを体験し始めるかもしれません。たとえば、目の前にあるものが突然消えて、また突然現れるという経験をするかもしれません。

なくしたはずの大切な物が、何度も確認したポケットからポロッと出てきたり、入れたはずのない、買ったばかりのカバンに入っていたり。

もしパラレルを移行しているのだとしたら、このようなことは何も不思議なことではありません。実際、僕たちは無意識的に毎瞬パラレル・リアリティーを移行しているのです。

つまり時間も空間も実際には連続しておらず、あなたが発する周波数に見合うパラレルに、自然にテレポートしている訳です。

次の瞬間、今あなたがいる場所に大好きな芸能人が入ってきてもいいのです。何が起きてもおかしくないのが、目醒めて体験する制限のない世界です。「事実は小説より奇なり」。実際どれだけ自由な意識になってもいいのです。だからこそ、あらゆる可能性が視野に入ってきます。

この世界に確かな現実などはなく、現実はどうとでも変化させることのできる柔らかなものなのです。

それがわかると、楽しくなってきませんか。

自分を変える＝周波数を変える

自分を変えるということは、自分の発している周波数を変えることです。

嫌な出来事ばかり起きるという人は、嫌な出来事を映し出す周波数を発しているということです。そうした時に大切なのは、その嫌な出来事を何とかしようとするのではなく、それを映し出すのに使った周波数を手放すことであることは、すでにお話ししました。

周波数を変えることで、今まで映し出されていた映像に変化が生まれます。新しい人や出来事、そしてチャンスが引き寄せられ、新たな展開が始まるのです。

そうして統合を進めていくと認識が拡がり、やがて自分の宇宙意識の中にあるパラレル・ワールドが視界に入るようになり、望む現実が起きているパラレルに意識的に移行し体験することもできるようになるのです。

つまり、あなたが想像できることは別のパラレル・リアリティーとして存在していますので、まるでテレビのチャンネルを変えるように周波数を合わせ、望む現実を体験することができる訳です。

実は、こうしたことは特殊なことではなく、僕たちは日々、普通に行なっています。不安になるという状態は、不安という周波数に自分の周波数を完全に一致させているということであり、それは恐怖であれ何であれ、どのフィーリングも同じです。

フィーリングは、周波数でありフィルムです。

僕たちは感情というフィーリングをフィルムとして映像化し、その映像に強くフォーカスすることで、このことによってこんな思いをしていると、使っているフィーリングをリアルに体感していただけなのです。

ここでパラレル・ワールドの概念について、詳しくお話したいと思います。

僕たちの想像でき得る限りのパラレルが存在しますが、わかりやすく説明すると、Aのパラレルから B に移行したいと思ってテレポートするとき、自分の意識が A に存在している自分から抜け出て B にある自分の肉体に入っていくのです。

よく自分が変わることで人も変わる、と言われますが、まず、その人間関係を映し出すのに使った重たい周波数を外します。すると波動が上がったことで、その波動に見合ったパラレルにテレポートするのです。

移行した先のパラレルには、そのパラレルのバージョンの「その人」が存在していますので、当然変化している訳です。あの人って、こんなに優しい人だったかしら……というように。つまり統合することによって、より軽やかで調和の取れた波動へと変化したため、それを反映するパラレル・ワールドへと移行したのです。

実際、僕たちは日常、無意識のうちにパラレル間をテレポートしています。でも、いつもそれほど変わらない行動をし、同じような周波数を選んでいるため、変化の幅が小さく、テレポートしていることに気づいていないのです。

こんなことは詭弁だと思いますか？　あなたが主人公です。統合し、目を醒ましていくことで、ぜひ体感していただきたいと思います。

悟り、目醒めていくことで、この惑星での存在の仕方が、全く変わってしまうのです。

望むパラレルに自由に移行していくのは、本当に楽しいことです。

たとえば、個人のクルーザーで優雅に船旅をしている人がテレビに映っていたことがありました。その時「クルーザーがあったら良いだろうな……」と思ったのですが同時に、「買えたとしても、維持や管理が大変そうだな……誰かクルーザーを持っている人、いないかな……」とフと思ったのです。その一週間後、友人と食事をしている時に、突然この場に呼びたい人がいると言い出し、少ししてからその人がやって来ました。その人は会社を経営しているそうで、軽く会話をしたあと、突然「僕は海が大好きで、クルーザーを持ってるんですが、良かったら今度クルージングしませんか？」と言い出したのです。

パラレルを移行することはコツを掴めば簡単です。

そこに周波数を合わせるだけだからです。

周波数を合わせる簡単な方法は、体感とともにイメージすることです。

軽く目を閉じ、深呼吸をして気持ちを落ち着けます。

そして、自分が望む現実をイメージし、それを体験している時に、どんなフィーリングを感じるかを想像してみましょう。

もし、その時に喜びやワクワクを感じるなら、もしくは安らぎを感じるなら、それが「あなたが本当に望む本質」であることを知ってください。

それがわかったら、あとは、望むことと関わりがあるかないかに関わらず、とにかくその本質のフィーリングを感じることに行動し、できる限りその感覚で自分を満たしてください。

それが望むパラレルに周波数を合わせる簡単な方法の一つであり、続けることで、ある時ピタっとチャンネルが合い、具現化することになります。

つまり、望む現実を体感とともにイメージし、あとは気分良く心地よく過ごすことに最大限の意識を向けることで、次々と望むパラレルに移行することができるのです。

地球の周波数を捉えて外す

地球の周波数を手放し、統合し続けている人は意識が本当に軽やかでクリアです。疑い、不安、恐れといった一般的にできれば感じたくないと思われているフィーリングは、僕たちが地球に降り立つために、本来の高い完全な波動を分離して生み出した地球の周波数です。

このような周波数を捉えるたびに外していくことで、意識は透明感を増し、望んでいることがすぐさまスクリーンに映し出されるようになります。なぜなら本来の僕たちにとって、自分が現実を創り出している訳ですから、望むことが形になるのは自然なことだからです。そこに疑いや自信がないなどの地球の周波数を挟んでいるので、望みがストレートに映像化されないのです。

たとえば、結婚を望んでいるのに、自分には愛される価値がないのではないか、もう歳をとりすぎているし……などという疑いや不安を間に挟んでいれば、当然、映像は歪み、望みがそのまま映し出されることはありません。疑いや不安というフィルムが余計な映像として、スクリーンに映り込むからです。

統合を続けていると、だんだん自分の意識と現実が連動しているのがわかるようになってきます。

たとえば、ある時タクシーを待っていたのですが、なかなかやって来ませんでした。そこで、その場で目を閉じて、タクシーが向こうの道から入って来て、スーっと目の前に止まるのをイメージしました。そして目の前に止まるイメージがカチっとハマり目を開けた瞬間、すでにタクシーは目の前に止まっていたのです。つまりイメージしたコース通りに全く同じタイミングで具現化した訳です。

また、ある時のことです。友人と子どもの頃の話をしていた時に「飛行船」の話になりました。僕が子どもの頃は、よく会社の宣伝などで大きな飛行船が飛んでいるのを見ていたのですが、最近全く見かけないね、という話をしていたのです。実際もう何十年も見ていませんでしたので、久しぶりに見たいな、と思ったのです。すると翌朝、家のドアを開けた途端、目の前の上空にドーンと飛行船が浮かんでいるのです。「見たいな……」とフと思っただけなのですが、無意識のうちに周波数を合わせ具現化した訳です。

ありとあらゆることを簡単に起こすようになります。高級なシャンパンのドンペリの話題が出た時に「ドンペリを飲みたいな」と思ったら、数日後にある人から突然送られてきたこともあります。このようなことは日常茶飯事で、具現化した話をし出したら一冊の本が書けるでしょう。

ただ、ここでしっかりと認識しておいていただきたい大切なことがあります。目を醒ましていけばいくほどに、意識的に望む現実を創造できるようになりますが、「現実を思い通りにするため」とか、「現実を変えるため」に目を醒ますのではないということです。それでは、本末転倒です。

目醒めのプロセスの中で、「現実が良くなっていくのは当たり前」なのです。なぜなら、地球の周波数を手放すことで、僕たち本来の喜びや自由、そして調和の意識から現実を映像化し始めるからです。

逆に現実を変えることにフォーカスすれば、ますます深く眠ってしまいます。お話したように、僕たちは外に外に意識を向けることで眠ってきたので、必然的に目醒めからどんどん離れていってしまうのです。

目醒めへと向かうには、まず現実を変えようとするのをやめること。起きている出来事にとらわれるのではなく、その現実を映し出すのに使った周波数を捉えて手放していくことです。

そして、もう一つ知っておいていただきたいのは、あなたの映し出す現実が良くなって来た時のことです。

地球の周波数を外し、本来の高いエッセンスを現し始めると、現実はそれを反映し、軽やかに簡単にスムーズになってきます。そうすると、良くなった現実にフォーカスし、それに執着が始まることで、目醒めのプロセスを逆行してしまう「罠」に陥りがちになるのです。

繰り返しますが、「現実を良くするために目醒めよう」、ではなく、「目を醒ますために現実を使うのだ」、と心得てください。

だからこそ、逆説的に聞こえるかもしれませんが、目醒めていけばいくほどに、現実を思い通りにしようという意識がなくなっていきます。

なぜなら、現実はいつでもどうとでも変えることができるのだということを、本当の意味で理解するようになるからです。そうなると、肉体を持ちながら高い意識で存在し、この惑星で「遊べる」ようになるのです。

パラレルは、多次元層に重なっています。時空間は何層にも分かれていて、自分の周波数に合った世界しか体験できません。

たとえば、世の中が不景気であっても全く影響を受けず、豊かな人もいます。その人は、不足ではなく豊かさの周波数と同調しているのです。

自分の意識をどのチャンネルに合わせるかで、何を体験するかが決まる訳です。

ですから、たった今、この瞬間からでも流れを変えていくことは可能です。

すでにお話したように、時間も空間も本当は連続して存在してはいないのですから……。

僕たちはハイヤーセルフそのものである

パラレルを選んで移行する視点は、ハイヤーセルフの視点であるとも言えます。

僕たちが「自分」あるいは「自分の人生（今世）」と思っているものは、ハイヤーセルフの選んだ一コマに過ぎません。つまり、たくさん存在する僕たちの側面の中で、ハイヤーセルフが「今は」今世の自分に焦点を当てているということです。だから「ここ」を体験している訳です。

僕たちはよく、ハイヤーセルフとつながるという言葉を聞きますが、実際、ハイヤーセルフというのは僕たち自身であり、それこそが「本来の自分」なのです。

そのことを憶い出していくのが、悟りであり目醒めです。

さらに言うと、目醒めるというのは、「ハイヤーセルフそのもので生きる」ことを言うのです。

そのためには現実を鏡として使って、今自分がどんな地球の周波数を使っているかを捉えなければなりません。捉えることができれば外すことができるので、波動を上げてハイヤーセルフにさらに深く強くつながっていけるのです。そのうち視点が上がり視野が拡がることで、次にどんな周波数を使って映像化しようとしているのかまでも観えるようになるので、映像化する前に外すこともできるようになるでしょう。

それまでは現実という映像を見ることでしか、無意識に入れていた感情というフィルムに気づくことができないので、目醒めることを決めた意識にとっては、現実は本当にキラキラとした宝石のように見えるのです。なぜなら、地球の周波数を捉えては手放すことで、着実に目を醒ましていくことができるのですから……。そうした意味で、現実はとてもとても大切なものなのです。

僕たちのハイヤーセルフが望んでいるのは、あらゆる時空間を体験することです。可能な限り、さまざまな体験をしたいというのが、ハイヤーセルフの望みなのです。

それぞれのハイヤーセルフは、多次元レベルでたくさんの分身を作り、あらゆる経験を積んだのち、また一つに統合しようとしているのです。そうすることで、さらにアップグレードされることになるからです。僕たちは、常に進化し続けようとするパワフルな存在であり、それが宇宙の本質なのです。

第５章

統合

波動を上げてハイヤーセルフとつながる

『マグダラのマリア』チャネリングメッセージ

私はマグダラのマリアとして知られる存在です。

このチャネルを通して、私があなたにお伝えしたいのは、真実の自分を生きることです。

私がイエスとともに肉体をもって生きた時代は、まだ人々の眠りも深く、自分の真実を表現すること……とりわけ、いわゆる「世間の常識」から外れるようなことは、本当に強い非難を受けたものでした。

もちろんあなたが生きるこの時代も同様ではありますが、地球は今、私の時とは比べものにならないほどに波動を上げ、軽やかになっています。

これは何が起きているのでしょうか？　つまり人類が「真実に目醒める準備が整った」ことを意味しているのです。

このような流れの中にあって、真実の自分を隠していては、あなたの中に葛藤を生み出し、ますます苦しくなるだけでしょう。

あなたの本当の気持ち、あなたにとっての真実を伝えることを怖れないでください。それを表現することで、もっと深くが観えてくるからです。

それこそがあなたの魂の願いであり、今世を生きる意義でもあります。

もしそれを生きなかったら、あなたは何のために生まれて来たのでしょう？　いつも人からの非難や波風が立つことを怖れ、表舞台から隠れていたら、あなたはなぜこの地球に生まれて来たのですか？

あなたは自分の真実を生きるために、今ここにいることを忘れないでください。それを忘れてしまっていること自体が「眠り」なのです。

人生を無難に過ごそうとすればするほど、あなたは魂とのつながりを失い、活気を失っていくことになります。なぜなら、魂とのつながりを失うことは、あなたの本質からずれることになるからです。それでは、本当にあなたが輝ける人生など送れるわけがないのです。

もう、人や周囲に合わせるのはやめましょう。あなたが合わせるべきは「自分の真実」です。あなたは周りに同調することで、自分を見失ってきたのです。

そして自分が何をしたいのか、どうしたいのかもよくわからなくなってしまったのです。

さぁ、目醒めるタイミングを迎えた今、あなた自身のために立ち上がりましょう。本当のあなたを生きるのです。

勇気を持って、あなたが何を望むのか、何を求めているのかを表現してお行きなさい。言わずとも、行動せずともわかってもらいたいと思うのは筋違いです。

目醒めるとは、真実の愛・喜び・豊かさ・調和に向けて妥協しない強さを持つことでもあります。あなたの幸せを他人任せにしてはなりません。

あなたは自分の真実を生きること、本当の自分に一致して行動することで、真に目醒め本当の至福を得ることができるのです。

私はマグダラのマリア。あなたに真実の自分を生きる勇気を伝える者です。

統合──波動を上げてハイヤーセルフとつながる

この章では、いかに日々、自身の波動を上げ続けてハイヤーセルフとつながるか、その「統合」の方法について、ステップごとに実際のワークをご紹介しながらお話していきたいと思います。

本章では「ハイヤーセルフとつながる」と表現していますが、実際に「つながる」というのは、自分自身がハイヤーセルフであることを憶い出していくことなのです。

ですので、もしあなたが本当の自分に触れたい、もう今までの地球の眠りの歴史を終わりにして目を醒ましていきたいと思ったら、これからご紹介するワークを実践してみてください。ガイドラインとして、まずは５つのステップを一通り踏んでみましょう。あとはあなたの直感に従って必要だと感じるワークに取り組んでください。どのステップも一生懸命やるのではなく、肩の力を抜いて楽しみながら行うことで、より効果的に働きかけることができるでしょう。

それでは、統合のための５つのステップをご紹介します。

ステップ1　覚悟を決める

目醒めることに覚悟を決めることとは、ワークをするたびに行ってほしいことです。「覚悟を決めました！」と口では言っていても現実を見て一喜一憂しているなら、覚悟を決めたとは言えません。それでは、まだ眠りにフォーカスしていることと同じです。

「目を醒ます」と覚悟を決めて、そのことをステップを踏むたびに意識していくのです。

続けているなかで、長年の習慣が必ず出てきます。つい「外の出来事」、つまり現実というイリュージョンにフォーカスしてしまう習慣です。でも、それは自然なことであり、責めたり落ち込んだりする必要は全くありません。なぜなら、僕たちは「外ありき」、「外の現実が良くなることがすべて」の生き方を輪廻転生の歴史を通し、何世紀もやってきたのですから。

大切なのは毎瞬、目を醒ますことに意識を向けること。これは右利きの人が左手を自由に使えるようになりたいとき、常に今、左手を使っているかを確認するのと一緒です。そうでなければ、長年の習慣を、ましてや何世紀もの習慣をそう簡単に変えることは到底できないからです。

目を醒ますのは、あなた自身です。自分が主人公なので、目を醒ましたいのなら、あなたが決めなければ始まらないのです。宇宙船も、行き先を明確に決めてテレポートするのですが、それをしなければ宇宙で迷子になってしまうのです。

ですので、もしあなたが本気で目醒めたいのであれば、まず「私は、何世紀もの眠りの歴史を終わりにし、目を醒まします」と、真剣に宇宙に宣言しましょう。

方向性を決めずにワークをしても、ただのお遊戯になってしまいますし、「いつまでやればいいのでしょうか？」などという頓珍漢な質問をすることになるでしょう。

統合に終わりはなく、どこまでも先へ先へとさらに自由で雄大な意識につながっていくことができるのですから。といっても、修行のようなイメージを持つ必要はなく、本当の統合を起こすことで、自分の中の分離が癒され、一つにつながっていくエクスタシーは素晴らしいものであることを知っていただけたらと思います。

中途半端な覚悟では、統合も中途半端な結果に終わるでしょう。もちろん軽やかにはなりますが、次元が変わり、まるで他の惑星に移行したかのような体感はもたらしません。つまり、本当の統合とは、心踊る楽しい体験なのです。

ステップ2　エゴと手を取り合う

すでにお話したように、統合を始めると、多くの場合、エゴの抵抗に遭うことがあります。あなたが目を醒ますことで、自分の存在が消えてなくなってしまうのではないかと怖れるからです。エゴは地球で生み出された地球の周波数の集積でもありますから、それを手放し統合する行為に脅威を感じる訳です。でも、実際には消えてなくなるのではなく、あなたの大切な一側面として一緒に波動を上げていくのです。だからこそ、その事実をエゴにしっかり伝えてあげることで、方向性を一つにして進んでいくことが大切です。

◉エゴを統合し、応援のエネルギーに変えるワーク

1．目を閉じて、深呼吸をしながら気持ちを落ち着けましょう。そして、エゴの自分を目の前にイメージしてみます。エゴは、僕たちが目を醒ましてしまわないよう必死に頑張ってきたので、やつれてボロボロになっているかもしれません。

2. エゴの働きのおかげで、僕たちは眠った生き方を楽しむことができました。そのことに感謝して、エゴに無条件の愛のエネルギーを注ぎましょう。無条件の愛とは、ありのままを認め受け入れる、何も変えようとする意図のない純粋な愛です。そのエネルギーが光となって、上空、はるか彼方の源（根源）から、降りて来るのをイメージしましょう。色は輝きのあるピンクでも白光でもゴールドでも構いません。あなたのハイヤーセルフが誘導してくれますので、しっくりくる色を選んでください。

3. 「無条件の愛のエネルギーを降ろす」と意図するとエネルギーが源から降りてきます。それが頭頂から入ってハートまで降りてくるので、ハートから光が拡がって、目の前にいるエゴの自分を完全に包み込むのをイメージします。

4. そして光を送りながら、「私は目を醒ますことに決めたんだ。だから、もう止めてくれなくて良いんだよ。今まで本当にありがとう。一緒に行こう！」とあなたの言葉で、気持ちを伝えましょう。そうして、しばらく無条件の愛を送り続けていると、ボロボロだったエゴに笑顔が戻り、活き活きしてくるはずです。

5. エゴが、あなたと一緒に上がっていくことに同意し始めたかなと感じられたら、ハグをしてください。しっかりと抱きしめ、もう一度「今までありがとう！」と感謝を伝えます。その間もハートから愛を送り続けていると、エゴがキラキラと光り輝くダイヤモンドのような光の粒子に変わり始めます。そうしたら、その光を全身に吸い込んでください。

6. 最後に、深呼吸を数回繰り返しながら、光へと変わったエゴのエネルギーを全身に馴染ませていきます。そして、ゆっくりと目を開けましょう。

ステップ3　グラウンディング

僕たちは、地球と一緒に目を醒ましていくプロセスの真っ只中にいますので、パートナーとして呼吸を合わせていくことが何より大切です。

グラウンディングの方法にはいくつかありますが、いま地球は急速にその波動を上げており、「新生地球」とでもいうべき新たな惑星へと進化しようとしています。

そのため、源からやって来る新たなエネルギーとのコネクションを構築し始め、グラウンディングもその変化に見合った方法を取り入れていくことが望ましいのです。

グラウンディングは地球との共生だけではなく、波動の上昇、集中力や直感力の強化、ストレスや緊張、そして疲労の解放にも非常に効果的です。何より地球という大きな後ろ盾ができるので、どっしりと構えられ、何事にも動じなくなっていくでしょう。

◉グラウンディングの方法

1. 椅子に腰掛けて、軽く目を閉じ軽く顎を引き背筋を自然に伸ばします。両手は軽く組んでひざの上に起きましょう。肩の力を抜き、両足の裏は必ず床につけるようにしてください。
2. 心の中で「私はこれから新生地球にグランディングする」と宣言することで意図します。
3. 深い呼吸をしながら、少しの間、足の裏に意識を向けます。リラックスしましょう。
4. 両足の裏から光の根が発生し、地球の中心まで伸びていくのを見てください。地球の半径がどれだけあろうと、イメージですからすぐに到達します。そうして地球の中心まで光の根が到達すると、それぞれの根がアルファとオメガという源の神性（聖なる男性性）と女神性（聖なる女性性）の現れである2本の光の柱につながります。右足の下にはアルファのエネルギーが光り輝くゴールドの柱でそびえ立ち、左足の下にはオメガのエネルギーが同じく光り輝きながらシルバーの柱で立っています。それぞれの柱にそれぞれの足から伸びた光の根が、しっかりつながるのをイメージしましょう。

5．次に深い呼吸をしながら、息を吸うときには、まるで木の根が地中から養分を吸い上げるように、それぞれの足か

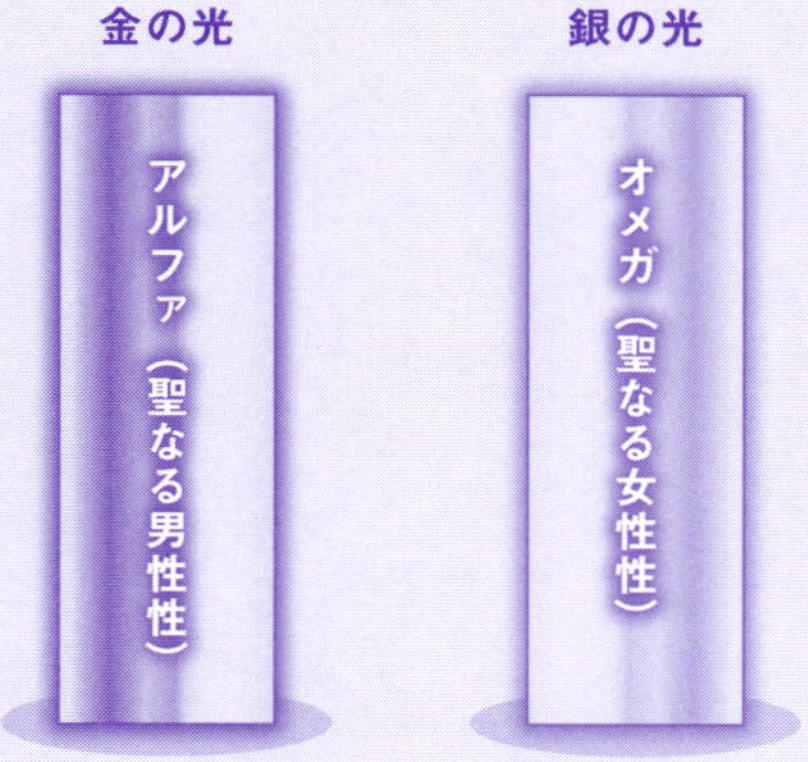

ら伸びる光の根を通して、ゴールドとシルバーのエネルギーを身体に引き入れていきます。

入ってくる光は、足裏から螺旋《らせん》を描きながら頭のてっぺんまで駆け抜けますが、それぞれの足から引き入れた光は、下腹部のあたりまで上がってくると、そこで絡まり合いながら頭まで満たしていきます。

反対に息を吐くときには螺旋を描きながら地球の中心の２本の柱まで駆け抜けていきます。その際、頭から吐く息と同時に降りていくゴールドとシルバーの光が、身体に溜まっているネガティブなエネルギーを吸収しながら両足のところまで来ると、それぞれ分かれて戻っていくのをイメージしましょう。

この呼吸の流れを自分のペースで数回行うことで、しっかりグラウンディングすることができます。最後は吸い上げたエネルギーが身体の隅々に拡がり、エネルギーに満たされたら、息を吐きながらゆっくりと目を開けましょう。

僕たちの身体にはもともと、源とつながるエネルギーセンター（チャクラ）がいくつか存在しています。アルファとオメガもそれにあたり、ここを活性化することで「神なる存在として生きる」プロセスを開始させることになるのです。

実際にやってみると、今までのグラウンディングとは違うことがわかるでしょう。

2種類のエネルギーが螺旋を描きながら融合し、錬金術的な変化を起こすことで、新しい地球だけでなく源とも同調し、目醒めのプロセスを加速させることになるからです。

またグラウンディング（アース）することで、僕たちにもともと備わっている高次につながるアンテナが高く立ち上がり、そこからの情報やメッセージをインスピレーションやアイディアとして、より明確に受け取ることができるようになる上に、それらをこの世界に具現化させることができるようにもなるのです。

グラウンディングはシンプルですが非常にパワフルなワークですので、上手に日常に取り入れてみてください。朝これを行うことで、その日1日をエネルギッシュに過ごすことができますし、集中力が欠けたり、落ち着きがなくなったり、あるいはストレスや疲労を感じる時に行うと、スッキリ整ってくるのがわかるでしょう。

ステップ４　新しく生まれ変わる

グラウンディングを行いアルファとオメガのエネルギーを取り入れることで、錬金術的な変容のエネルギーが身体中に満ちてきます。

もしグラウンディングをした後に、さらに「その先」へ進みたいと感じた時には、この変容のエネルギーを使って、新しい自分に生まれ変わるためのワークを行ってみてください。

1．グラウンディングを通してアルファとオメガのエネルギーを十分身体に満たしながら、さらに波動が上がって、身体が細やかな光の粒子に変わっていくのをイメージしてください。

2．あなたが宇宙の源に行くことを意図すると、光の粒子のまま軽やかに一気に上昇し、光が満ち溢れる源の時空間にいるのがわかります。

3．光そのものの意識で、心地よく空間を漂いながら、「全く新しい自分に生まれ変われるとしたら、どんな自分になりたいだろう？　どんな人生を生きたいだろう？」と、制限を使わず、喜びやワクワク、豊かさを体感しながら思う存分想像してみてください。想像は、まさしく創造なので、イメージをしているとそれに見合った周波数を引き寄せ始め、あなたは今までとは全く違う自分で存在することになります。

4. 十分に体感することができたら、新たなエネルギーで構成された光のまま、今のあなたの身体に戻って来ましょう。そして新しいあなたの波動が馴染むよう、深い呼吸を数回繰り返し、ゆっくり目を開けてください。

ステップ4は、肉体を脱いだ後に生まれ変わるのではなく、いつでもあなたがそうしたい時に、新しい自分になるためのワークです。こんなことで、本当に生まれ変われることができるのでしょうか？　すでにお話したように、僕たちは、毎瞬新しい自分で存在し、前後はつながっていないのです。こうして高い次元で新たな周波数を引き寄せ続けることで、あなたの波動は確実に変わることになります。すると、ものの見方や捉え方が変わり、言動が変わり、そして現実が変わるのです。その時あなたは、すでに今までと同じ自分ではありません。文字通り生まれ変わることになるのです。

ステップ５　統合のワーク

僕には、レムリアで神官をしていた時の記憶があります。その頃、僕は、神聖幾何学であるオクタヒドロン（正八面体）を使って波動を高く保つことを習慣にしていました。高次からのメッセージを正確に受信し、人々に伝える役割があったからです。

そして今、このシステムを多くの人が日常で使えるよう簡略化してお伝えしているのが、「統合」というメソッドです。

統合は１つだけではなく、さまざまな方法を通して行うことができます。

本書でご紹介するのは、「螺旋」のエネルギーを使ったものです。


螺旋は、宇宙の根本的な構造であり、その形はさまざまなところで見ることができます。銀河や惑星の公転軌道、そして僕たちのＤＮＡも螺旋構造をしています。

螺旋は回転の方向によって、エネルギーを抜いたり入れたりする作用を持っているので、これを応用することで統合することができるのです。

僕たちは波動を落として地球に降りて来たということを前の章でお伝えしました

が、その際に、螺旋を描きながらやって来ています。つまり、僕たちは波動を落とすため、源（上）から地球を見た時、右回転の螺旋を描きながら地球に降りて来て、左回転の螺旋を描きながら再び源へと上がっていくのです。

螺旋にはさまざまな作用があるのですが、簡単に説明すると、右回転には「入る、入れる」、そして左回転には「出る、抜く」という作用があります。先ほど、「源から見て」とお話したのは、このワークは源のエネルギーと行うものであり、源が僕たちのエネルギーを抜いたり入れたりしてくれる訳です。つまり、源から見て、左回転で僕たちの使って来た地球の周波数を抜き、右回転で浄化し統合されたエネルギーを再び僕たちに入れてくれるのです。そして、僕たちから源を見ると、その回転が反対になるのがわかります。このワークは「源側から行われる」ことを理解しておいてください。

それでは、螺旋のエネルギーを使った統合のワークをご説明します。

◉螺旋のエネルギーを使った統合のワーク

1．地球の大気層を覆うようにできているプラチナシルバーに光り輝くフィールドをイメージしてください。このフィールドは、地球の観念や概念、そして制限から外れた磁場であり、どの惑星でも目醒めようとする意識たちが出てきた時に発生する、目を醒ますための環境なのです。

プラチナシルバーのフィールドは、内側から発光するように明るく輝いています。このワークは、あなたの宇宙意識の中で行いますので、周囲には星や惑星が瞬く宇宙空間になっていて、足元には光り輝くプラチナシルバーのフィールドが、どこまでも何にも遮られることなく、広大無辺に広がっているのを想像しましょう。あなたは地球の法則から抜け出た時

空間で、雄大な宇宙意識のフィールドの「中央」に立っているのです。

2. 足元からは幅広の光でできた渦がウォータースライダーのように螺旋を描いて流れており、その光の渦は源へとつながっています。

3. それがイメージできたら、胸に手を当てて、「目を醒ますために、この地球の周波数を手放します」と口に出すか、心の中で宣言します。

4. イメージの力を使って、その周波数を自分の好きな「形・材質・大きさ・重さ」にしていきます。

たとえば、不安をゴツゴツした岩のような形で、材質は鉄で、大きさは月くらいの大きさで、重さは100億トンというように、その時に浮かぶもので構いません。こうして、目には見えないエネルギーを「扱えるもの」に変えていくのです。これをバイブレーションビルディングと言います。

その中でも特に大切なのは、硬さと重さです。鉄でも大理石でも、あるいは地球にはない硬い素材でも良いでしょう。そうなると重さも想像できないくらいかもしれません。とにかく何世紀も塗り固めながら使ってきた周波数ですから、リアルに想像でき得る限りの硬さと重さにしてみてください。

これが、バイブレーションを大きく外していくコツなのです。

5. さて、周波数を「もの」に変えることができたら、それを両手で抱え、硬さと重量感を想像してみてください。そして、その硬さと重量感をしっかり体感できたら、両手を使って押し出すように前に出し、自分との間に隙間を意識してください。これを足元から発生している螺旋の流れに乗せると、すごい勢いで右回転しながら源に吸い込まれていきます。それを最後までしっかり見届けたら、一度深呼吸をしましょう。

6. こうして蓋になっていた大きなバイブレーションを手放すと、その下に押し込まれていたバイブレーションの残りが、潜在意識の領域にブワッと浮き上がるように出てきます。自分の背後に潜在意識が漆黒の宇宙空間のように拡がり、そこにバイブレーションの残りが隕石のような形で、ものすごい数、浮かんでいるのを見てくだ

さい。一つひとつが硬くて重たいことも、しっかり意識しましょう。

潜在意識の扉は普段閉じているので、まずは潜在意識の扉を開くことを意図し、自分自身が2枚扉になっているのをイメージし、前方へパカンと観音開きをするように開きます。

扉を開くと、その奥、つまり自分の背後に潜在意識が拡がっていますので、そこに浮かんでいるたくさんの隕石状のバイブレーションの残りを、後ろから前にシュッと一気に一つの塊にして集めてきてください。すると目の前に、見上げんばかりの巨大な塊ができあがります。材質は、やはり硬くて重たいものです。それを両手で抱えて、しっかり体感します。

そうしたら、足元の螺旋の流れにスッと乗せる

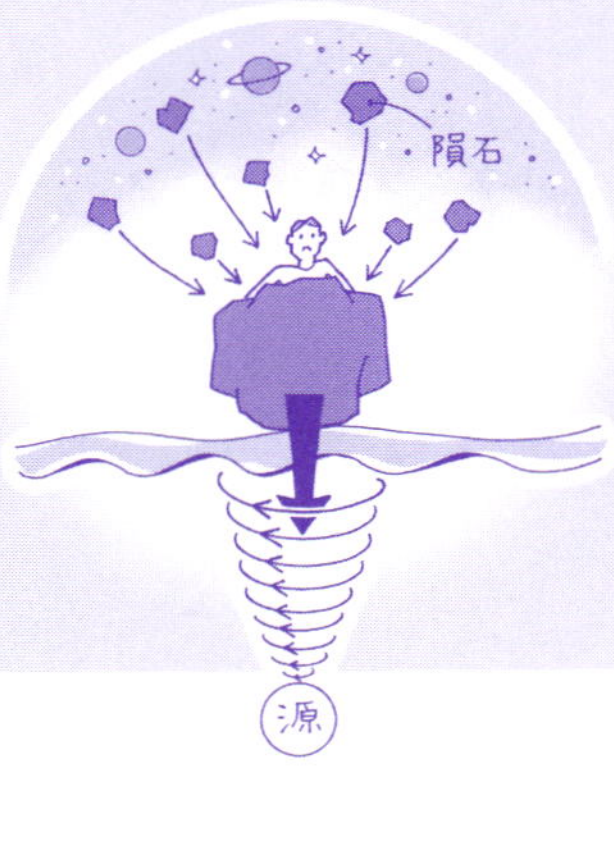

と、すごいスピードで右回転しながら源に吸い込まれていきます。光の螺旋は伸縮自在なので、どんな大きなものも扱うことができるのです。

最後まで見届けたら、一度深呼吸してください。

7. あなたが手放した地球のバイブレーションは源で浄化され、統合された本来の高いエッセンスの光になって戻ってきます。

壮大な量の光が、すごい勢いで左回転しながら戻ってくるのを見てください。その光が足元に集まってくると、そこから突き上げるような上昇気流が発生しますので、深呼吸しながらその上昇気流に乗って、足元に拡がるプラチナシルバーのフィールドごと、気持ちのいいところまでグングン上がっていってください。

8. 新しい開けた時空間に出ることができたら、その広大な宇宙空間の拡がりや、自

由で軽やかな空気感を感じてください。十分感じることができたら、足元から光の根が伸び始め、新しいフィールドにググっと根づいていくのをイメージすることで、グラウンディングしてください。

そして、一度大きく深呼吸して新しい時空間に馴染んだら、ゆっくりと目を開けましょう。

ウォータースライダーのような光の螺旋は、天の河のエネルギーでできているとイメージしてみてください。各惑星には、自分の所属する銀河のエネルギーを通して源につながる「スターシステム」が存在します。僕たち地球人は「天の河銀河」に属しているので、ミルキーウェイを使うのです。

また統合で重要なのは、バイブレーションを手放して波動を上げることで新しい次元に到達したら、必ずグラウンディングしておくことです。これをしないと、波動が安定せずにアップダウンしてしまうからです。着実に目を醒ましていくためにも、グラウンディングすることを忘れないでください。

統合に慣れてきて、もし日常で、心地よくないフィーリングが出てきたら、それがいちいち、どんな感情かなどと分析せずに（眠ってしまいます）、いきなり潜在意識の扉を開くように観音開きして、シンプルに重たい鉄の塊が、いくつも身体の中から出てくるのをイメージするのも良いでしょう。その硬さと重量感を意識して、「天の河スパイラル（天の河銀河のエネルギーでできた光の螺旋）」に手放してしまいましょう。スパイラルは強力な河の流れなので、どんなものでも、あっという間に源まで送り届けます。そして統合されて戻ってくる、もともとのあなたの高いエッセンスの光を受けて上昇していってください。

また、もし螺旋を描きながら源に吸い込まれていくイメージがうまくできなければ、手を使って、くるくるくるくる、ストン！　というように回転させて弾くような動きをつけてみるのも良いでしょう。とにかく、子どもが遊ぶように無邪気に取り組んでみてください。これからの時代は、簡単にやればやるほど、結果は大きくなるのですから。

ちなみにワークは、必ずしも目を閉じる必要はありません。目を閉じたほうが、視覚的な刺激が遮断され、自分に集中しやすいというだけです。リアル感と集中力を増すために、身体の動きをつけていますが、これも必ずしもいりません。なので、慣れてきたら、電車の中でもどこでも行うことができるようになります。

大切なのは、地球の周波数を捉えたときに統合することです。なぜなら、今それが出てきているのは、「今それを手放してくださいね！」といって出てきているのですから。そうして「統合を習慣」にできたとき、あなたは確実に変化を感じることができるようになるでしょう。

これらのワークを通して、あなたは着々と目を醒まし、自分がハイヤーセルフそのものになっていくステップを踏んでいくことになるのです。一生懸命になるのではなく、楽しみながら取り組んでみてください。

第６章

調和

本当の自分に繋がるエクスタシー

『セラピス・ベイ』チャネリングメッセージ

私はセラピス・ベイ、エジプトと深く関わりながら、人類のアセンションのプロセスを加速させるべく、大いなる計画と共に奉仕する者。

あなたは、今どれだけ大切なときを迎えているかに本当に気づけているだろうか？

もし今回、この目醒めのタイミングを逃したなら、次にそれを迎えるのにどれだけの月日を必要とするか思いを巡らせてみてほしい。

あなたは、このときのために様々な経験を積み「準備」してきたのだ。そのことを覚えているだろうか？　レムリアやアトランティスが崩壊を迎え、未曾有の大災害に見舞われ、大きな心の傷を負ったことを覚えていないのだろうか？

「次の目醒めのサイクルでは絶対に失敗しない、もう二度とあんな悲しみと痛みを味わうのはごめんだ！」と強く心に近い、一度すべてをリセットしたときのことを覚えていないはずがあるまい。

意識に上っていなくても、あなたの魂は知っている。それがこの時期に得たいの知れぬ不安や恐怖、そして焦りとなって、大切なことに気づいてほしい、憶い出してほしいと訴えかけてきているのだ。

あなたが今のタイミングで、こうした情報に触れているのは当然のごとく偶然でなく、宇宙は常にパーフェクトであることを知ってほしい。

あなたは自身のハイヤーセルフからの促しにより、この本を読んでいる……これは間違いようのない事実だ。たとえどのような経緯で読むことになったのであろうと、だ。

そう、あなたは目を醒まそうとしているのであり、今というタイミングで自らこのような情報に触れるよう設定して来たのだよ。

もしあなたの心が決まったら、私の守護する「アセンション・フレイム」を使うと良いだろう。

この冷たい純白の炎は、使用するものの波動を上げ、アセンションに必要な情報とエネルギーを通して、そのプロセスを強力にバックアップするものなのだ。

ただ心の中で「セラピス・ベイ、私をあなたのアセンション・フレイムで包んでほしい。」と依頼すればよい。

そして純白に光輝く炎があなたを包み込む中、ダイヤモンドのように見えるキラキラと輝く白い炎のエネルギーを呼吸しながら寛いでいなさい。

毎日数分でも、こうした時間を持つことによって、あなたのアセンションへの準備は確実に整えられるだろう。

あとは、あなたの「覚悟」だけだ。目を醒まし、その先のアセンションへの道のりは、決して簡単であるとは言えない。

それが、あなたの人生の一番の目標になるくらいでなければ、到底無理な話であると言わざるを得ない。つまり、目醒めることに興味がある、くらいでは駄目だということだ。

だが、どうすれば覚醒することができるのか、その基本的な情報や方法は、このチャネルを通して書かれてある。それを使っても良いし、また他のものを使っても良いだろう。あなたのハートが惹かれるものが、あなたにとって真実なのだから。

これから、壮大な光の時代の幕開けが訪れようとしている。闇の時代を抜け、いよいよ本来の光そのものを体験できるときを迎えているのだ。

心踊らないかね？　あなたの魂が喜んでいないだろうか？

私たちは、「そのとき」を心待ちにしている。あなたと肩を並べて語り合うことができるその日のことを……。


あなたが自分の人生の主人公であり、創造主であることを今一度心に据えてほしい。そして、これからあなたがどこに向かいたいのか、その方向性を明確にしなさい。なぜなら、「今がそのとき」だからだ。

あなたがどの道を選ぼうとも、私たちはあなたを愛している。それは今もこれからも決して変わることのない真実なのだから……。

私はセラピス・ベイ、創造主の愛を伝える者なり。

調和 ― 本当の自分に繋がるエクスタシー

本章では、目醒めることで、僕たちはどのように変化していくのかということに関して、お話していきたいと思います。

まず目醒めのプロセスが進むと、僕たちに凛とした存在感が増し、ブレない自分が確立されていくことになります。そして、感性や認識力が開き拡大することで、宇宙と繋がり、その広大な情報網とアクセスすることができるようになるのです。

言い換えると、宇宙のインターネットに繋がるようなもので、その情報量はまさしく無限です。

必要な情報が必要なタイミングで入ってくるようになり、学んでいない知識でさえインスピレーションで入ってくるようにもなるのです。「どうしたら良いかな？」と思った途端に、「どうすれば良いかが分かる」スピーディーさが身につきます。

つまり何かをしようとすると、地球で学んだ知識や法則を超えたアイディアが浮かぶようになり、物事が簡単に進んでいくことになるのです。

さらに目を醒ましていくと、「自分自身が宇宙」であったことに気づき、「すべてを持っている」という感覚が満ちてきます。すると、望む現実や叶えたい夢も、すでに自分の中にあることがわかるので、それが「現実化するのは当たり前」という意識になり、実際に体験することになるのです。

また、真実の自分に一致することで「外向き」から解放され、緊張やストレスがなくなり、どこにいても誰といてもリラックスしていられるようになります。僕たちの本質は「こひしたふわよ」(こ＝心地よい、ひ＝ひかれる、し＝しっくりする、た＝楽しい、ふ＝腑に落ちる、わ＝ワクワクする、よ＝喜びを感じる）ですから、常にそうした意識と状態で存在できるようにもなるのです。つまり感情的・精神的なアップダウンもなく、いつも気分良く、心地よくいられる訳です。

もし、何か居心地の良くない周波数が出てきたら、感じて使う前に条件反射のように外してしまいますので、さらに高いレベルで目を醒ましていくことになります。肉体的には驚くほど疲れなくなり、大きなエネルギーで動き続けることができるようになるでしょう。病気の周波数とも接点がなくなりますので、病気もしなくなっていくのです。また宇宙からの覚醒を促す光を、たくさんの分量、受け取ることができるようになるので、細胞レベル・DNAレベルから変化を起こし、エネルギーが満ちてくることで、若返っていくようにもなります。

こうして、あなたはますます、なりたいものには何でもなれ、やりたいことは何でもやれ、行きたいところへはどこへでも行かれるようになるのです。

本当の自分に繋がるエクスタシー

本当の自分につながって、持ち合わせている才能や可能性、そして本質を最大限表現できることは、何よりも自由で素晴らしいことです。

喜びや楽しさ、ワクワク感に常に満たされ、何が起きても起きなくても、誰がいてもいなくても幸せで、豊かでいられます。つまり、外の条件にいっさい左右されなくなるのです。あなたは自分で、感じたい感情を選ぶことができるようになります。

宇宙と一つになり、宇宙と一体となって動くことになるので、あなたが動くと宇宙が動くことになります。世間が不可能だと言っても、簡単に達成してしまうのです。

自分の意識から、「やれない」や、「できない」がどんどん外れていくようになります。

こうして僕たちは、本来の意識を憶い出し、神なる自分を取り戻していくのです。もともとの制限のない雄大な意識で存在することは、なんとも言えない至福感をもたらします。人間関係ひとつとってみても、たとえば最愛のパートナーとの関係性から得られるエクスタシーとは比べ物にならないほどのつながり感や幸福感を「すべて」とのワンネスを通したつながりから体感することになり、それは目醒めれば目醒めるほどに強さを増していきます。

愛そのものの体感から、誰かから愛されたいという欲求はなくなり、寂しさや孤独感は消え、不足感からのつながりではない真のつながりへと移行していくのです。

何より目を醒ますというのは、今まで外に使っていた意識とパワーをすべて自分に戻すことなので、そのパワフルな体感は圧倒的な自由をもたらすことになるでしょう。

その結果、現実はいつでもどうとでもできることを悟り、本当の平和や調和、そして安らぎに満ちた在り方で存在できるようになるのです。そして、それこそが本来の僕たちの意識なのです。

自分の周波数を変える

望む現実を思う通りに創造するということは、「絶対にそうなる」と信じることではありません。

信じるというのは、信じていないからそうする訳です。

僕たちは創造の宇宙意識そのものなので「そうしよう」「そうなろう」と決めたら、できるのが当たり前なのです。言い換えると、そうなることを「知っている」状態でもあります。つまり、自分の周波数をその状態へと戻すことが、目を醒ますことなのです。

目を醒ますというのは、ただ本来の自分を憶い出すというだけのことです。

真実を言えば、「今この瞬間、僕たちに欠けているところなど一つとしてなく、自分の完全性を覆い隠している鎧をただ手放し、本当の姿を現すだけ」なのですから。

波動を上げることがすべてです。

周波数を変えることで、僕たちは本当の自分にチャンネルを合わせることができるのです。

そのための簡単な方法は、僕がこれまで繰り返しお話してきた「こひしたふわよ」に常に従うことです。そうすると、必ず不安や怖れなどの地球の周波数に触れることになるので、それを統合のメソッドを使って手放してください。

喜びやワクワクは僕たちの本質なので、これを追いかけ続けると「目が醒めてしまう」訳です。地球を遊ぶために、そう簡単に目を醒ましてしまってはいけない僕たちは、不安や怖れなどのネガティブな周波数を壁にして、その先に行かないようにしたのです。

でも、目醒めのサイクルを迎えた今、もう「壁」にする必要はありませんね！

壁ではなく、それを扉にして開けていってしまいましょう。不安や怖れという「扉の先」には、あなたの自由で雄大な意識が豊かに確実に拡がっているのですから。

人類における使命とは

僕たちの地球における究極の使命は、それぞれが自分バージョンの地上の天国を創っていくことです。あなたが心からやりたいことをし、なりたい自分になり、行きたいところに行き、夢や望みを自由自在にクリエイトする……まるで天国にいるかのような周波数で、自分の周りに天国を映し出していく……地球はこうして拡大し、発展していくのです。

目醒めた先の世界には、摩擦がありません。誰もが自由に望むことを体現しても、自分も他の誰をも侵さない世界です。目を醒ましていけばいくほど、僕たちは透明な意識になり、調和や平和のバイブレーションそのものになっていきます。それぞれが自分の好きなことをしていても、誰からも非難やバッシングを受けたりはしません。

もちろん、地球の周波数を使っている状態だと、わからないと感じるかもしれません。今までのものの見方であれば、「みんな誰もが好き勝手やっていたら調和がとれるわけがない」と思うのは当然のことでしょう。

つまり、これまでのように地球の周波数を使っていれば摩擦が生じますが、目を醒ましていくことで軽やかでクリアな意識になっていき、ぶつかることがなくなるのです。そうして初めて、本当に自分らしく生きることができるのです。

そうやって、僕たちはさまざまな地球の制限に満ちた法則や概念、ルールから外れていくことになります。

意識が目醒めると、もともとすべては一つにつながっていたのだ、ということを憶い出していきます。ワンネスという言葉で表現されますが、「私はあなた、あなたは私」という感覚です。これが知識ではなく、体感でわかってくるようになります。

そうなると、自分も人も自然に大切にするようになり、より深く愛する意識が生まれてきます。その意識から作り出す次元が、人や何かと争いや摩擦など起こせるわけがないのです。

また、エゴにふりまわされなくなり、ハイヤーセルフとしての自分が主導権を握るようになるので、魂レベルの深い願望に気づき、それを実現できるようになるでしょう。それは自分だけではない「すべて」を含んだ大きな望みといえます。

目醒めた意識たちが創り出す世界は、まさに地上の天国です。

目醒めの潮流に乗っていけば、肉体を脱がなくても「天国」を体験することができます。

そのために、まずは「あなたバージョンの天国を創ること」が大切なのです。

そうした人生を生きられるようになると、ドラマもハリウッド映画も色あせて見えてくるかもしれません。僕も昔は大好きでしたが、最近はほとんど見なくなりました。

なぜなら、自分の人生の方が、何倍も何十倍も楽しいからです。「次は何して楽しもうかな？」「どんなワクワクするパラレルへ行こうかな？」と、本来の自分を憶い出していけばいくほどに、あらゆる可能性が視界に入ってくるようになります。

こうして、憧れやファンタジーをドラマや映画に重ねることはなくなり、あなたが主人公になって実際に夢を生きることになるのです。

これは、まさに「目を開けて夢を見る」といえるでしょう。

こうして僕たちは、地球とともに新生地球という楽園を創り出していくのです。

それが実現する時、もはや「地球」という呼び方は相応しくないかもしれません。なぜなら、まったく違う波動をおびた惑星に生まれ変わってしまうのですから。

あなたは、新しい地球を何と呼びますか？

おわりに

最後に、僕からあなたへお伝えしたいことがあります。

本書では、いまこの地球に起きている変化、そしてそれに伴う「目醒め」についての真実を明らかにしてきました。でも僕はあなたに、「僕がお話したことを信じてください！」とか、「目を醒ましてください！」「目を醒まさなければなりません！」などと言うつもりは、まったくありません。

あなたが主人公です。あなたの心の声に従って、何を信じて何を信じないのか、何を受け入れて何を受け入れないのか、目を醒ますのか醒まさないのかを決めればよいのです。

どちらを選んでも優劣などありませんし、最終的にはすべての人が目を醒ましていくことになりますので、今回のタイミングでは、眠り続ける選択をしても構わない訳です。

ただ、「目醒め」はある意味、卒業式と同じようなもので、ある年に卒業することができなければ、留年して次の年まで待たなければならないということです。

つまり、目醒めにもタイミングがあり、それが「今」なのです。そしてもし、このタイミングを逃したとすると、次は2万6千年ほど待たなければならなくなるかも知れません。また、地球は新しく生まれ変わってしまうので、眠りを選択すれば波動があまりにも違ってしまうため、この惑星には存在できなくなってしまいます。ですので、地球とよく似た物理次元に転生し、もう一度原始時代からやり直すこともあるでしょう。つまり、幼稚園から大学まで進んできて、晴れてこれから社会人という時に、もう一回幼稚園からやり直すようなものです。

もちろん、それもただの選択なのですが、もし、あなたが本書を読んで目醒めに関する情報に触れ、ワクワクや喜びを感じたり、自分も今世肉体を持ったのは、この宇宙レベルのフェスティバルを体験するためなのではないか？　と感じるなら、目醒めることを決めてください。

高次の存在から聴いた情報によれば、目醒める人が増えれば増えるほど、地球の変化のプロセスは穏やかになるそうです。

そのため、宇宙はさまざまなインパクトを与えて、まず僕たちのうちの14万4千人を目醒めさせようとしています。これらの周波数ホルダーたちが目醒めれば高周波の電波塔となり、人類のアセンションのプロセスを強力にバックアップするとともに加速させることになるでしょう。そしてそれは、この数年のうちに、どれだけの人たちが目を醒ますことを選択するかにかかっているのです。

実は地球がこうした目醒めのサイクルを迎えるのは、今回で5回目となり、過去4回はすべて失敗に終わっています。前回まではその都度、大きな規模の天変地異を引き起こし、すべてをリセットするような状況へと人類は自らを追いやったのです。でも、本当は失敗ではなく「まだ眠っていたかっただけ」なのです。けれども、それに伴う痛みや苦しみは計り知れないほど大きく、今回はもういい加減に目を醒まし、本来の僕たちの姿を憶い出そうと、多くの意識たちが深いレベルで決め始めている訳です。そろそろ長い間楽しんできたゲームも終わりにしようと……そこで宇宙は、僕たちの内なる願いに応えて、さまざまな外的変化を見せることで、僕たちに「気づき」を促しているのです。たとえば、天災や人災、政治経済の動乱が起きたとき、僕たちは自分の本心と向き合わざるを得なくなります。つまり、自分にとって何が本当に大切なのか、人生においての優先事項は何なのか？　それが本当の意味で問われることになるのです。そういう意味では、宇宙および地球は今、僕たち人類にスパルタ教育を施していると言えるかもしれません。なぜなら、多くの人たちが思っている以上に、地球は危機的な状況を迎えているにも関わらず、この宇宙や地球、そして僕たち人類に、今何が起きているのかを知らない人たちが、あまりにも多すぎるからです。

でももし、14万4千人以上の意識が目を醒ますことを決めれば、いわゆる臨界点に達し、ぽつぽつと明かりが灯るように、目醒めの連鎖が起きていくでしょう。

この意識たちは、目醒めを促す電波塔になる人たちです。

もし、あなたが自分も周波数ホルダーの一人なのではないかと感じるなら、目醒めることを決めてください。必要な情報やワークは、本書にてすでにお伝えしてあります。

ちなみに世界の人口は約74億人ですから、そのうちの14万4千人というのは、ほんのわずかとも言えます。

でも、そのわずかな意識が目醒めることで世界は変わり得るのです。

この惑星はこれから、目に見えて大きく変化していくことになります。

エネルギーが大きく動くときには、人々の意識に大きな不安や怖れが起こり、葛藤や混乱を引き起こすことにもなるのです。

そのとき周波数ホルダーたちは、今どういうことが起きているのか、これからどうなっていくのかについての知識と認識を持ち、落ち着いていてほしいのです。つまり、今起きていることは、これから先の最善へとつながっていて、心配する必要はないのだ、という意識でそこにいるだけで良いのです。

たとえば、飛行機が乱気流に入ったとき、揺れが激しくなると乗務員も椅子に座ることになります。すると、飛行機は大丈夫なのかと不安になった乗客はCAを見ます。でも彼女・彼らは「心配いりません。大丈夫ですよ！」という雰囲気で、にっこりとしながら座っています。その表情を見た乗客はホッと安堵し、穏やかになります。そうすると、穏やかさがどんどん周りにも伝わっていくことになります。

あなたも同様に、何が起きてもドンと構えて、穏やかさを発するCAのようになってほしいのです。

実際この本を読む人は、周波数ホルダーとしての役割を持っている人たちであると言えます。

そうでなければ、そもそもこのような情報を見聞きすることはありませんし、引き寄せることもないでしょう。

さて目醒めた先の世界は、これまでの地球の観念や概念を超えた発想から創られていくことになります。芸術・建築・文化・教育・医学・科学・政治・経済など、僕たちを取り巻くあらゆる分野において、今までの法則を超えた意識から生み出されるものは、想像もできないほど素晴らしいものになるでしょう。ＳＦやファンタジーと思っていたことが夢物語ではなくなるのです。僕はそれが楽しみで、今からわくわくしています。

目を醒ませば醒ますほど、「できる」という意識からすべてを発想するようになります。また、僕たちのＤＮＡの内に秘められ、封印されていた才能や能力も花開いていくことになるでしょう。その中には、サイキック能力（霊能力・超能力）はもちろん、レビテーション（空中浮揚）やテレポーテーション（瞬間移動）なども含まれる、と言ったら信じられるでしょうか？　実際、そうした能力を発揮する子どもや大人も出てきているのです。

だからこそ目醒めの波紋が世界を覆っていったら、この地球はどれだけ変わっていくのか、楽しみで仕方ないのです。

そのエキサイティングな変化を体験したければ、２０２０年一杯までが勝負です。そして、２０２１年を越えて２０３３年くらいまでが、目醒めに向けてさらに加速していく時代になります。

２０３２年～33年になると、この地球は五次元に安定化するでしょう。２０３８年あたりにオープンコンタクト、つまり地球外知的生命体との正式なコンタクトが予定されています。それが本格的な宇宙時代の幕開けになります。

ですが、このような世界は、眠った意識にとっては恐怖や不安が大きすぎるのです。つまり分離の意識では、宇宙からの来訪者を迎え入れるどころか、加害者・被害者の意識から攻撃される、侵略されると臨戦態勢にならざるを得なくなるでしょう。

僕たちは今、地球のみならず、銀河に住まう宇宙のファミリーとしての成熟された意識へと成長していくことが求められているのです。あなたは、ここでお話したことが荒唐無稽に聞こえるでしょうか？　目を閉じ気持ちを落ち着け、今世界で起きているさまざまな出来事や変化に意識を向けたなら、そこはかとでもお話ししている片鱗を感じ取ることができるのではないでしょうか？

そろそろ僕たちは深い眠りから目を醒まし、真実に目を向ける時を迎えています。ただ繰り返しますが、あなたが自分の人生の主人公です。あなたの魂からの呼びかけに耳を傾けてください。

本書を読み終えた今、どんなメッセージを送ってきているでしょうか？

あなたは、どんな時も自分の心の声を頼りに進んでいかなければなりません。つまり、目を醒ますも醒まさないもあなた次第なのです。誰もあなたに強要することはできません。

そして、最後に知っておいていただきたいことがあります。

それは多くの意識にとって、この人生は今までの輪廻転生の集大成であるということです。ということはあなたが望めば、今世で地球を卒業することもできるということなのです。

長い歴史、地球で眠り（ゲーム）を体験してきた僕たちが、いよいよ上がりを迎えるときです。本来の高い意識では経験できないさまざまな体験をさせてもらった愛してやまない大切な地球に、十分に感謝して「その先」へ向かいませんか?

今この瞬間も、宇宙から僕たち人類に向けて、目醒めへの招待状が送られています。

そう、本書を読んでくださっている「あなた」に直接届けられていて、それは懐かしい故郷に還るためのチケットです。

それでは、いよいよ出発します。

パスポートの準備はOKですか?

並木良和　なみき・よしかず

スピリチュアル・カウンセラー、作家。幼少期よりサイキック能力を自覚し、高校入学と同時に霊能力者に師事。整体師として働いた後、スピリチュアル・カウンセラーとして独立。現在、全国に7000人以上のクライアントを抱え、個人セッションやワークショップ、講演会も開催している人気カウンセラー。著書に『ほら 起きて!目醒まし時計が鳴ってるよ』(風雲舎)『みんな誰もが神様だった』(青林堂)がある。

本当のあなたを憶い出す、
5つの統合ワーク
目醒めへのパスポート

2018年12月25日　第一版　第一刷

著　　者　並木良和

発 行 人　西 宏祐
発 行 所　株式会社ビオ・マガジン
〒141-0031　東京都品川区西五反田8-11-21
五反田TRビル1F
TEL:03-5436-9204　FAX:03-5436-9209
http://biomagazine.co.jp/

編　　集　高橋恵治
編集協力　奥山竜紀
デザイン　堀江侑司
イラスト　ツグヲ・ホン多

印刷・製本　株式会社シナノパブリッシングプレス

万一、落丁または乱丁の場合はお取り替えいたします。

ISBN978-4-86588-032-8　C0011

anemone WEBコンテンツ 続々更新中!!

http:/biomagazine.co.jp/info/

アネモネ通販

アネモネならではのアイテムが満載。

アネモネ通販メールマガジン

通販情報をいち早くお届け。メール会員限定の特典も。

アネモネイベント

アネモネ主催の個人セッションや
ワークショップ、講演会の最新情報を掲載。

アネモネイベントメールマガジン

イベント情報をいち早くお届け。メール会員限定の特典も。

アネモネTV

誌面に登場したティーチャーたちの
インタビューを、動画(YouTube)で配信中。

アネモネフェイスブック

アネモネの最新情報をお届け。